LA EXPROPIACIÓN DE LA BANCA EN MÉXICO

Un ensayo de Economía Política

Gustavo A. del Ángel Mobarak
César Martinelli Montoya

Centro de Estudios Espinosa Yglesias

Centro de Estudios Espinosa Yglesias, A. C.
Las Flores 64 A, Col. Tlacopac
Álvaro Obregón, 01040
México D.F.

Primera edición, 2009
ISBN: 978-607-95138-2-5

Impreso en México

ÍNDICE

✳

III

CRISIS CAMBIARIA Y AMENAZA DE EXPROPIACIÓN

IV

LA EXPROPIACIÓN DE LA BANCA EN MÉXICO EN 1982

V

LOS PRIMEROS MESES DE LA BANCA ESTATIZADA

VI

ANEXOS

INTRODUCCIÓN

El 1 de septiembre de 1982, en su último mensaje presidencial y en medio de una profunda crisis económica, José López Portillo decretó la nacionalización de la banca privada y el establecimiento de un control generalizado de cambios. La decisión tomó por sorpresa a los observadores y al público en general. El régimen político posrevolucionario había coexistido con una tradición de empresa privada, notablemente fortalecida durante los largos años de alto crecimiento económico de 1950 a 1970. La banca privada había desempeñado un papel particularmente central en aquel crecimiento, ya fuera a través del otorgamiento de crédito al sector privado, de la monetización del ahorro privado o de financiamiento al sector público. La estatización, expropiación o nacionalización de la banca fue un acontecimiento que cambió el rumbo de la economía mexicana. Además, es una de las expropiaciones de mayores dimensiones en la historia internacional reciente.

Este trabajo consiste en una investigación histórica a fondo del tema de la expropiación, basada en fuentes primarias y secundarias, así como en el desarrollo de dos modelos económicos, utilizando herramientas de la teoría microeconómica y de la teoría de juegos. Consideramos que el análisis del problema desde ambos enfoques —el teórico-deductivo y el histórico-inductivo— es indispensable para obtener una perspectiva satisfactoria del tema.

Nuestro argumento central es que la expropiación de la banca, si bien representó un error *ex post* para el régimen, era una medida probable dentro del rango de acciones del Estado mexicano. Más que una serie de eventos fortuitos, es la naturaleza autoritaria del gobierno lo que en última instancia permite explicar la medida expropiatoria y sus implicaciones. El sistema corporativo característico del régimen autoritario mexicano fue en un momento histórico un mecanismo de prevención ante una medida de ese tipo y, en otro momento, un facilitador.

Desarrollamos este argumento en cuatro hipótesis en torno a los acontecimientos históricos que precedieron a la expropiación. La primera de ellas se basa en que, a lo largo del siglo XX la banca mexicana enfrentó un riesgo de expropiación dada la naturaleza del Estado y sus instituciones. Por varias décadas ese riesgo fue muy bajo, debido al equilibrio del pacto corporativo y a las reglas tácitas y explícitas de la interacción entre el gobierno y el sector privado, principalmente los banqueros. En torno a este punto, planteamos un modelo económico en el cual un gobierno autoritario permite la existencia de una banca privada porque la actividad de ésta redunda en mayores ingresos para los intereses representados en el propio gobierno.

La segunda hipótesis se fundamenta en que, a partir del régimen de Luis Echeverría, diversos factores incrementaron el riesgo de expropiación, en particular en los últimos meses del sexenio de José López Portillo. Las tensiones entre el gobierno y el empresariado, así como la fuga de capitales fueron algunos de los principales factores, pero no los únicos. La existencia de un grupo con influencia en el presidente, que concebía la expropiación como deseable para el país, fue otro factor decisivo al alimentar las expectativas de quienes tomarían la medida.

La tercera se basa en que, lejos de ver la medida como un arrebato irracional del poder presidencial —si bien elementos emocionales jugaron un papel—, tratamos de demostrar, a la luz de la evidencia histórica, que la medida no sólo fue meditada, sino que el grupo que la diseñó la concebía como una decisión necesaria y viable. Las expectativas puestas en la nacionalización de la banca como una decisión políticamente oportuna se corroboraron con la capacidad de movilización corporativa del Estado y con el apoyo que recibió de varios grupos sociales; reacciones que incrementaron los costos políticos de revertir la medida. Para formalizar este argumento desarrollamos un modelo de teoría de juegos en el cual el gobierno trata de evitar fuga de capitales. Explicamos que para desalentar esa fuga el gobierno no necesita comprometerse a estatizar la banca; le basta con tener un compromiso de expropiación con una probabilidad suficientemente alta, de tal manera que no sea atractivo para la banca privada promover la fuga. Sin embargo, una vez que la fuga de capitales ha estallado, el gobierno tiene un serio problema de credibilidad en torno a su decisión de expropiar o no. En este sentido, la idea de que la estatización de la banca es deseable en sí misma es determinante para que dicha medida se convierta en una amenaza creíble.

En la cuarta y última hipótesis, argumentamos que, una vez en las manos del Estado, la banca difícilmente hubiera sido reprivatizada en un horizonte de corto plazo, a pesar de que el gobierno entrante sabía que la estatización iba en detrimento del sector financiero. Además de los costos políticos, había muy pocos incentivos para que el gobierno devolviera la poderosa herramienta que tenía en sus manos.

En el aspecto metodológico, esta investigación adopta el enfoque de la nueva economía política, ejemplificada, entre otros, por el trabajo de Daron Acemoglu y James Robinson sobre democratización[1]. Además de aportar al entendimiento de la historia económica de México, nuestro propósito es desarrollar una contribución conceptual que permita entender las acciones de los gobiernos autoritarios con respecto a los derechos de propiedad y la posibilidad de expropiación, sobre todo del sistema bancario.

MOTIVACIÓN DE ESTA INVESTIGACIÓN

¿Cuándo y por qué un gobierno autoritario decide expropiar? ¿Qué reglas de un sistema corporativo y qué variables de decisión primero previenen y luego son el canal para una expropiación?

1 Daron Acemoglu y James A. Robinson, *Economic Origins of Dictatorship and Democracy*, Nueva York, Cambridge University Press, 2006.

Sobre la estatización de la banca en 1982 ha habido un intenso debate[2] en el que podemos distinguir varios argumentos. Para algunos, la estatización fue un error, en tanto que para otros fue una reacción que defendía la autoridad presidencial, e inclusive contribuía a un proyecto de nación. Por ejemplo, entre los testigos de primera mano, Miguel de la Madrid, sucesor de López Portillo en la presidencia, plantea en sus memorias el primer punto de vista: la estatización fue una «reacción emotiva extrema», el resultado del desconcierto personal de López Portillo frente a la crisis.[3] El punto de vista contrario es sostenido por Carlos Tello, uno de los propulsores de la estatización dentro del gabinete de López Portillo, para quien la salida de capitales durante la crisis era promovida por la banca privada. La estatización eliminaba la «camisa de fuerza» que la banca privada, actuando de manera conspirativa, imponía sobre la política cambiaria y crediticia.[4]

Ambas hipótesis reflejan nociones generalizadas hoy y entonces, pero resultan insuficientes. La estatización de la banca puede haber sido perjudicial para la economía, pero

2 Véase, por ejemplo, la introducción en Gustavo del Ángel, Carlos Bazdresch Parada y Francisco Suárez Dávila (comps.), *Cuando el Estado se hizo banquero: Consecuencias de la nacionalización bancaria en México*, México, Fondo de Cultura Económica (fce), 2005 (Colección Lecturas de El Trimestre Económico, 96).

3 Miguel de la Madrid H., *Cambio de rumbo. Testimonio de una presidencia, 1982-1988*, México, fce, 2004, pp. 28 y ss. De la Madrid hace un relato parecido de los últimos días del gobierno de Echeverría: «Hay un peligro en el enloquecimiento de los presidentes. Los locos hacen enloquecer al Presidente, porque la locura es contagiosa» (p. 35).

4 Carlos Tello, *La nacionalización de la banca en México*, 6ª. ed., México, Siglo xxi Editores, 2006, pp. 45 y ss; pp. 133 y ss.

ello no implica que haya sido un «error» del régimen, siempre que reconozcamos que el gobierno no necesariamente está interesado en maximizar el bienestar social. De hecho, la estatización fue apoyada, si bien *ex post*, por miembros del gabinete y aplaudida por las bases sindicales y partidistas del régimen. Más aún, la estatización no fue revertida de inmediato por De la Madrid al llegar a la presidencia.

Además, culpar a la banca privada de la salida de capitales contradice lo que la literatura económica sobre ataques cambiarios nos ha enseñado desde el trabajo pionero de Paul Krugman[5]: los ataques especulativos bajo regímenes de tipo de cambio fijo no requieren de una «conspiración» de los agentes económicos; ocurren cuando los agentes económicos anticipan una oportunidad de ganancia dadas las políticas percibidas como insostenibles.[6] Por ejemplo, varios funcionarios y políticos prominentes habían llevado su dinero al extranjero durante la crisis, pese a la retórica del régimen.[7]

Desde nuestra perspectiva, puntos de vista como los que expresan Tello y De la Madrid contienen un elemento

5 Paul Krugman, «A Model of Balance of Payment Crisis», *Journal of Money, Credit and Banking*, vol. 11, 1979.

6 Véanse Herminio Blanco y Peter Garber, «Recurrent Devaluation and Speculative Attacks on the Mexican Peso», *Journal of Political Economy*, vol. 94, 1986, para una aplicación de esos estudios a las devaluaciones de 1976 y 1982 en México; y Giancarlo Corsetti *et al.*, «Does One Soros Make a Difference? A Theory of Currency Crises with Large and Small Traders», *Review of Economic Studies*, vol. 71, 2004, para una contribución reciente. Volveremos luego sobre el artículo de Corsetti *et al.*, que puede tener alguna relevancia para el caso mexicano.

7 Carlos Elizondo Mayer-Serra, *La importancia de las reglas. Gobierno y empresarios después de la nacionalización bancaria*, México, FCE, 2001, p. 166.

de verdad. Pero en este ensayo adoptamos un acercamiento diferente: partimos de la premisa de que el régimen político posrevolucionario en México no era estrictamente «benevolente», en el sentido de estar totalmente interesado en el bienestar del conjunto de la sociedad o de una mayoría. Por el contrario, el régimen promovía principalmente los intereses representados en el partido de gobierno, incluyendo los de las bases corporativas de éste, empresarios vinculados y los propios políticos. El régimen era suficientemente estable para tener un interés comprehensivo en la economía, pero no lo bastante amplio. Ese interés no era incompatible con una miríada de intervenciones redistributivas a favor de determinadas empresas y grupos. En los términos acuñados por Mancur Olson, el régimen tenía un interés comprehensivo (*encompassing interest*) pero no un interés supercomprehensivo (*superencompassing interest*) en la economía.

El régimen, además, era **antiliberal**, en el sentido de que los derechos de propiedad no tenían, en última instancia, otra garantía *de facto* que la conveniencia del propio gobierno. En particular, una banca en manos privadas era conveniente al gobierno por su mejor habilidad —comparada con la administración pública— para colocar el crédito y proveer servicios financieros. Una mejor colocación del crédito redundaba en mayores ingresos en el mercado para los intereses representados en el gobierno, en una mayor recaudación fiscal y en la generación de un crecimiento económico que contribuía, a su vez, a la estabilidad política. La amenaza implícita/tácita o explícita de expropiación era, sin embargo, una herramienta disponible por el gobierno para «disciplinar» tanto a la banca privada como a otros empresarios.

A partir de mediados de los años setenta el entorno cambió y el gobierno enfrentó una serie de crisis de balanza de pagos. Al cambiar el conjunto de circunstancias históricas, el equilibrio del sistema también puede alterarse. Tal vez por su imperfecto conocimiento de la mecánica de las crisis cambiarias y por su limitada experiencia en ese tema,[8] el gobierno estaba preocupado por el papel que la banca privada podía tener como líder en la conducta del mercado cambiario. El gobierno percibía que una crisis cambiaria era más probable si la banca privada adoptaba una actitud proclive a la especulación. Como tal actitud hostil no era directamente observable por el gobierno, tenía sentido que éste anunciara su compromiso de adoptar represalias contra la banca privada en caso de una crisis cambiaria. La presencia de funcionarios «de izquierda»[9] en el gabinete era un factor determinante en esta toma de posición. Aunado a ello, la emotiva retórica antiempresarial y el estilo personalista y arbitrario de los presidentes Echeverría y López Portillo, en los últimos meses de sus respectivas administraciones, funcionaban para el gobierno como una estrategia óptima *ex ante*, como amenaza, que implicaba cometer errores *ex post*.

Buscamos demostrar que, conforme se fue acercando el fin del sexenio de López Portillo —y éste observaba resulta-

8 El conocimiento en general era limitado; tras el artículo de Krugman, «A Model of Balance of Payment Crisis», las siguientes contribuciones importantes a la bibliografía económica sobre ataques especulativos datan de mediados de los años ochenta.

9 Término para simplificar una postura. A lo largo del texto analizaremos la complejidad de los enfoques doctrinarios en el gabinete económico de aquellos años.

dos que le eran adversos—, se fue haciendo óptimo para el gobierno hacer creíble su capacidad de tomar acciones que parecieran fuera de lo ordinario, en particular la expropiación. Más aún si la probabilidad de que ésta tuviera lugar era lo suficientemente baja como para que el episodio de la expropiación de la banca fuera sorpresivo. Como en otros problemas de negociación, son las amenazas que no se cumplen o que se cumplen muy raramente las que permiten explicar cómo se comportan en realidad los partícipes en una negociación.[10]

Como Miguel de la Madrid, creemos que la estatización de la banca fue objetivamente un error para el régimen. El problema es explicar **por qué** el régimen era proclive a cometer este tipo de errores. Como Tello, creemos que la decisión de la estatización está vinculada con la defensa del poder presidencial: «José López Portillo escogió luchar por la sobrevivencia del poder del Presidente de México, quizás excesivo en términos de esquemas ideales, pero, con todo, el sustento último del peculiar sistema político derivado de la Revolución mexicana de 1910».[11] Pero, a diferencia de Tello (y, hasta cierto punto, de De la Madrid), no creemos que el «peculiar sistema político» fuese inherentemente benevolente, ni que el «quizás excesivo» poder presidencial fuese usado necesariamente de manera racional para lograr grandes ideales del bien común. Era una decisión del régimen orientada a sostener su credibilidad como Estado.

10 El gobierno mostraba que le «temblaba la mano», en un sentido de teoría de juegos, que precisaremos en uno de los modelos.

11 Tello, *La nacionalización de la banca...*, p. 14.

LA LITERATURA RELACIONADA

Del Ángel, Bazdresch y Suárez señalan que el debate sobre la estatización de la banca se inició prácticamente a fines de 1982.[12] Para una revisión exhaustiva de la bibliografía acerca del tema referimos al lector a la introducción del volumen compilado por dichos autores. En los párrafos siguientes nos limitamos a señalar algunos trabajos relacionados con esta investigación desde el punto de vista de nuestra aportación.

Stephen Haber, en una serie de artículos y en un libro en coautoría con Razo y Maurer,[13] ha estudiado la evolución de la banca privada en México como un sistema bajo un régimen autoritario en donde los derechos de propiedad y contrato eran débiles. Haber usa la evidencia histórica del caso mexicano para ilustrar la tesis de que las instituciones políticas influyen —y mucho— en el desarrollo de los sistemas bancarios. En un artículo que adopta una perspectiva más

12 Del Ángel, Bazdresch y Suárez Dávila (comps.), *Cuando el Estado se hizo banquero...*

13 Stephen Haber, «Why Institutions Matter: Banking and Economic Growth in Mexico, 1821-2004», en Christopher Welna (comp.), *Reforming the State in Mexico*, University of Notre Dame Press, 2005 (en prensa); y del mismo autor: «Why Banks Don't Lend: The Mexican Financial System», ponencia presentada en la Conferencia del Banco Mundial sobre Equidad y Competencia en México, 2006; y «Authoritarian Government», en Barry Weingast y Donald Wittman (comps.), *The Oxford Handbook of Political Economy*, Oxford University Press, 2006; y Stephen Haber, Armando Razo y Noel Maurer, *The Politics of Property Rights: Political Instability, Credible Commitments, and Economic Growth in Mexico, 1876-1929*, Cambridge University Press, 2003 (Series on Political Economy of Institutions and Decisions).

general sobre regímenes autoritarios, pero aún inspirado en buena medida por la experiencia mexicana, Haber señala que la empresa privada sobrevivirá bajo estos regímenes en tanto el rendimiento de la inversión compense la amenaza expropiatoria.[14] Nuestro enfoque es, hasta cierto punto, consistente con el análisis de Haber. Lo que nos proponemos en particular es mostrar que la probabilidad de expropiación no es necesariamente perjudicial desde el punto de vista de un régimen autoritario; por el contrario, es un instrumento para la extracción de rentas. En este sentido, construimos un modelo en el que la probabilidad de expropiación de la banca privada es endógena. Compartimos con Haber la creencia de que el impacto de la democratización sobre el desarrollo financiero de México ha estado limitado por el insuficiente Estado de derecho. Pero consideramos que la evidencia histórica presenta un panorama más complejo, el cual tratamos de analizar.

Desde una óptica más general, relacionamos nuestro trabajo con la literatura reciente en economía política sobre regímenes autoritarios y sobre democratización. El enfoque que adoptamos en este ensayo es el de la nueva economía política, ejemplificada, entre otros, por la monografía de Avinash Dixit sobre política económica[15] y, como ya se mencionó, el trabajo de Daron Acemoglu y James Robinson[16] sobre democratización. Nuestro enfoque es económico, en el sentido de

14 Haber, «Authoritarian Government».
15 Avinash K. Dixit, *The Making of Economic Policy*, Baltimore, MIT Press, 1996.
16 Acemoglu y Robinson, *Economic Origins of Dictatorship and Democracy*.

que postulamos que los individuos tienen preferencias bien definidas respecto a sus acciones; además, tienen una idea (no necesariamente precisa) acerca de la relación entre sus acciones y las probables consecuencias.[17] En interacciones de carácter político, el enfoque económico sugiere que los individuos se comportan de manera estratégica. Por tanto, dichas interacciones podrían ser modeladas usando la teoría de juegos. Pero para que un grupo de individuos pueda obrar de común acuerdo hace falta que éstos estén organizados de alguna manera que provea incentivos individuales o compulsión.

El libro de Acemoglu y Robinson plantea la tesis de que la democracia es preferida por la mayoría de la población, pero resistida por las élites en regímenes autoritarios. Sin embargo, dichos regímenes autoritarios no son sólidos cuando los ciudadanos pueden amenazarlos con inestabilidad social y desorden. La democratización, según Acemoglu y Robinson, es un resultado de la presión ejercida «desde fuera» de los regímenes no democráticos. Nuestro argumento sugiere que la democratización es también un resultado de la presión ejercida «desde dentro», en el sentido de que, en una economía cada vez más compleja, el costo del autoritarismo puede convertir a este régimen en desventajoso incluso para sus

17 De acuerdo con Joseph Schumpeter (*Capitalism, Socialism and Democracy*, Nueva York, Harper & Brothers, 1942), la nueva economía política tiene en común con Karl Marx la interpretación económica de la historia, pero no el énfasis en la lucha de clases, que presupone que los individuos se organizan para obrar de común acuerdo indefectiblemente según su ingreso funcional. Pero nosotros consideramos que factores ideológicos o doctrinales, y elementos de una experiencia común, permiten compartir visiones y expectativas sobre las acciones.

presuntos beneficiarios. Esto lo reconocemos para el caso de México.

Acemoglu y Robinson ven el proceso de democratización como uno de ampliación de los derechos políticos a las mayorías. Nosotros lo vemos asociado —en los casos en que su éxito ha sido duradero— con un proceso paralelo de reconocimiento de los límites al poder del gobierno; es decir, de liberalización en el sentido de establecimiento de un Estado de derecho.[18] La democratización favorece el Estado de derecho,[19] pero si éste no es efectivo y funcional, el régimen democrático puede resultar ineficiente y frágil.

En cuanto al análisis de los hechos vinculados a la medida expropiatoria, retomamos algunos de los planteamientos realizados en los trabajos y testimonios presentados por Del Ángel, Bazdresch y Suárez, así como la explicación de la situación económica que presenta Pérez López[20]. Entre otras obras relevantes destacan la de Carlos Elizondo en torno a la ruptura del pacto corporativo[21] y la de Tello y Cordera con respecto a la pugna dentro del gabinete económico[22], pero en re-

18 Un Estado de derecho no significa un Estado mínimo, véase, por ejemplo, la discusión sobre ambos conceptos y su relación con el liberalismo en Norberto Bobbio, *Liberalismo y democracia*, México, FCE, 1989, p. 17.

19 Este punto es señalado por Guillermo O'Donnell y Philippe Schmitter, *Transitions from Authoritarian Rule: Tentative Conclusions about Uncertain Democracies*, Baltimore, Johns Hopkins University Press, 1986.

20 Del Ángel, Bazdresch y Suárez (comps.), *Cuando el Estado se hizo banquero...*; y Enrique Pérez-López, *Expropiación bancaria en México y desarrollo estabilizador*, México, Diana, 1987.

21 Elizondo Mayer-Serra, *La importancia de las reglas...*.

22 Rolando Cordera y Carlos Tello, *México: la disputa por la nación. Perspec-*

lación con estos últimos guardamos cierta distancia crítica.

Elizondo atribuye la estatización a una ruptura política entre el gobierno y el empresariado, la cual se había iniciado durante la presidencia de Echeverría. A diferencia de este autor, mostramos que esta ruptura no era algo inusitado y que la estatización puede ser explicada como resultado de la negociación constante entre el gobierno y los diferentes grupos de empresarios; negociación hecha a la sombra de amenazas (tácitas o explícitas) de expropiación y que, como todo proceso de negociación con información incompleta, podía tener *ex post* un resultado no deseado por los participantes.

En el modelo que planteamos, las dificultades cambiarias durante las presidencias de Echeverría y López Portillo explican en parte la mayor probabilidad de expropiación de la banca privada. Nuestra interpretación es consistente con la evidencia recogida por Elizondo. Citando las memorias de López Portillo, la estatización «fue sencillamente un acto de fuerza institucional para expresar y fortalecer el poder político del Estado y facilitar la función del económico en cuanto satisface el interés general». O, en palabras atribuidas a De la Madrid, «un manotazo sobre la mesa para callar a todo el mundo».[23] Sin embargo, ese costoso acto expresivo o manotazo no significó, desde nuestro punto de vista, un cambio en las reglas del juego, sino un resultado extremo y no deseado, pero posible, de un juego de negociación. Conforme la economía se hacía más compleja y los resultados del mercado más difíciles de descifrar para el gobierno, en términos de

---

tivas y opciones del desarrollo, México, Siglo xxi Editores, 1985.

23 Elizondo, *La importancia de las reglas...*, p. 17.

identificar empresarios a ser disciplinados, esos manotazos eran más probables y más costosos.

Otro factor importante es el ideológico o doctrinario en el propio gobierno: la llamada «disputa por la nación». Haciendo eco de esa idea planteada por Tello y Cordera,[24] Maxfield ha promovido la noción de que la estatización de la banca fue un episodio en la pugna entre dos «alianzas políticas»: una de banqueros y políticos defensores del capital financiero, otra de políticos y empresarios desarrollistas y estatistas[25]. Si bien reconocemos el papel decisivo de las divergencias ideológicas dentro del régimen —y en particular en los gabinetes de los presidentes Echeverría y López Portillo—,[26] creemos que hablar de «alianzas políticas» contrapuestas es una exageración. En última instancia, los políticos y funcionarios más influyentes, o al menos la gran mayoría de éstos, estaban igualmente preocupados por la supervivencia del régimen, por la defensa de los intereses representados por éste.

Desde nuestra perspectiva, el régimen necesitaba de **am-**

24 Cordera y Tello, *México: la disputa por la nación...*

25 Sylvia Maxfield, *Governing Capital: International Finance and Mexican Politics*, Ithaca, Cornell University Press, 1990; y de la misma autora: «The International Political Economy of Bank Nationalization: Mexico in Comparative Perspective», *Latin American Research Review*, vol. 27, 1992; y «The Politics of Mexican Financial Policy», en Stephan Haggard, Sylvia Maxfield y Chung Lee (comps.), *The Politics of Finance in Developing Countries*, Ithaca, Cornell University Press, 1993.

26 Véanse las ya citadas memorias de De la Madrid, *Cambio de rumbo. Testimonio de una presidencia...*, y la descripción del gabinete de López Portillo como «bipolar» por uno de sus integrantes (Carlos Tello, *Estado y desarrollo económico: México 1920-2006*, México, Universidad Nacional Autónoma de México, UNAM, 2007).

bos. En correspondencia con el interés comprehensivo en la economía, el régimen necesitaba de funcionarios «ortodoxos» para asegurar un entorno macroeconómico estable y hacer creíble la política económica frente al sector privado; también requería de políticos y funcionarios «de izquierda» para legitimar sus acciones y, además, para dar credibilidad a la amenaza de expropiación.

I

EL RÉGIMEN AUTORITARIO POSREVOLUCIONARIO

Dos rasgos del régimen político mexicano al tiempo de la estatización bancaria son esenciales para nuestro análisis. El primero es que, si bien el régimen favorecía de manera clientelista a sindicatos y empresarios vinculados a la élite política, también era suficientemente estable como para tener **interés comprehensivo** en la economía, motivado por la propia extracción de rentas a favor de sus beneficiarios. El segundo consistía en que el régimen tenía un **carácter autoritario** en relación con los derechos individuales y en particular con el derecho a la propiedad. Nos detenemos a continuación en estos dos rasgos.

INTERÉS COMPREHENSIVO Y EXTRACCIÓN DE RENTAS

Todo régimen político enfrenta una disyuntiva entre **eficiencia** (en el sentido utilitarista, de tamaño de la tarta a repartirse entre los agentes en la sociedad) y **redistribución**. El objetivo de la actividad redistributiva del Estado puede ser el beneficio de una mayoría de la población (como sucede al menos idealmente en una democracia), el de una fracción de la población (como es de esperar en un régimen de partido hegemónico) o incluso el de un grupo pequeño de allegados (como sucede en una autocracia). Los instrumentos de la actividad redistributiva pueden variar de acuerdo con el objetivo de ésta, incluyendo desde programas sociales y bienes

provistos públicamente —cuando el objetivo es beneficiar materialmente a la mayoría— hasta grandes monumentos públicos que complacen primariamente a quienes están vinculados al régimen. En cualquier caso, como apuntan Olson («Dictatorship, Democracy and Development»), y McGuire y Olson («The Economics of Autocracy and Majority Rule...»),[27] en cualquier régimen político estable el propio interés del grupo dominante le impulsa a tomar en cuenta los costos de eficiencia asociados a la redistribución.

Incluso un autócrata necesita financiar sus casas y sus monumentos patrióticos con impuestos y otros recursos extraídos de la economía, cuyo monto está vinculado por fuerza al tamaño de la economía. Para una democracia o cualquier otro régimen que pretende favorecer al menos a una parte de la población, el problema es más complejo que para un autócrata. Una democracia o semidemocracia debe tomar en

27 Mancur Olson, «Dictatorship, Democracy and Development», *American Political Science Review*, vol. 87, 1993; y Martin C. McGuire y Mancur Olson, «The Economics of Autocracy and Majority Rule: The Invisible Hand and the Use of Force», *Journal of Economic Literature*, vol. 34, 1996.

cuenta no sólo los recursos que puede extraer de la economía, sino también el impacto de las pérdidas de eficiencia asociadas a la redistribución sobre los propios presuntos beneficiarios de la redistribución. Es decir, tanto una autocracia estable como una democracia tienen interés en la eficiencia en la economía, lo que Olson denomina un interés comprehensivo. Pero cuán comprehensivo es dicho interés depende de la naturaleza del régimen.

Una noción comúnmente aceptada de lo que es un régimen democrático es la desarrollada por Joseph Schumpeter,[28]
quien define la democracia como un arreglo institucional para la toma de decisiones políticas, en el que los individuos adquieren el poder de decidir por medio de una lucha competitiva por el voto popular.[29] Como argumenta Olson, la competencia por el voto popular en una democracia puede llevar a los partidos políticos a representar a una mayoría lo suficientemente amplia como para que no resulte óptimo para el régimen el incurrir en actividades redistributivas con pérdidas de eficiencia. En ese caso, el régimen tiene un interés supercomprehensivo en la terminología de McGuire y Olson. Esto, por supuesto, representa una situación ideal; existen muchas razones por las cuales la democracia puede incurrir

28 Schumpeter, *Capitalism, Socialism and Democracy.*

29 Existen, por supuesto, otras definiciones de democracia en ciencia política, que enfatizan el aspecto de competencia pública en la toma de decisiones o el grado de participación popular en dicha competencia. Adam Przeworski (*Democracy and the Market*, Nueva York, Cambridge University Press, 1991, pp. 10-14) presenta un análisis inspirado en las experiencias de democratización en América Latina y Europa Oriental.

en políticas ineficientes.[30] Una extrema concentración de los activos en una minoría —por mencionar un ejemplo relevante para las economías latinoamericanas— puede tentar a la mayoría a adoptar políticas redistributivas con grandes pérdidas de eficiencia. No obstante, sin la presión de la lucha competitiva por el voto popular, no existen incentivos para que un régimen político se conduzca con un interés supercomprehensivo.

Como es bastante conocido, el régimen político mexicano posrevolucionario distaba de ser tanto una autocracia personal como una democracia efectiva.[31] En dicho régimen, un partido hegemónico —llamado sucesivamente Partido Nacional Revolucionario, Partido de la Revolución Mexicana y, por último, Partido Revolucionario Institucional (PRI)— tenía el control de todos los poderes del Estado. Si bien había elecciones populares periódicas para renovar el Congreso, los gobernadores de las entidades federativas y el presidente, la intimidación de la oposición, el fraude electoral y el

30 Para un estudio sistemático de este punto, véanse Daron Acemoglu, «Why Not a Political Coase Theorem?», *Journal of Comparative Economics*, vol. 31, 2003; y el segundo capítulo del texto de Timothy Besley, *Principled Agents? The Political Economy of Good Government*, Oxford University Press, 2006.

31 Véase el texto de Roderic Ai Camp, *Politics in Mexico*, 2ª ed., Nueva York/Oxford, Oxford University Press, 1996; y, desde la perspectiva de la democratización reciente de México, el libro de Jorge I. Domínguez y James A. McCann, *Democratizing Mexico*, Baltimore/Londres, Johns Hopkins University Press, 1996; y los ensayos reunidos por Carlos Elizondo Mayer-Serra y Benito Nacif Hernández (comps.), *Lecturas sobre el cambio político en México*, México, Centro de Investigación y Docencia Económicas (CIDE)/FCE, 2002.

clientelismo aseguraban que las elecciones sirviesen como un mecanismo de legitimación del régimen más que como una posibilidad real de cambio en el poder. En la cúspide del sistema, el presidente tenía enormes poderes, incluyendo, en la práctica, el de nombrar a su propio sucesor, a la mayoría de los gobernadores de las entidades federativas, a los legisladores del partido de gobierno, a los jueces y a los funcionarios públicos de alto rango, e incluso podía remover líderes sindicales.[32]

El presidente, sin embargo, distaba de ser un dictador. En primer lugar, la prohibición de la reelección establecía un límite rígido a las ambiciones del primer mandatario. En segundo, la fuente del poder presidencial era en gran medida el partido hegemónico (el PRI). Éste estaba organizado de manera corporativista, sobre la base de los llamados «sectores»: el obrero, el campesino y el popular, que subsumían respectivamente los sindicatos obreros, campesinos y de empleados públicos. Los sectores eran manejados en sus cúpulas por funcionarios-líderes y por un sistema de apoyos políticos ligados a ellos.[33] En la práctica, el partido representaba los intereses de los grupos que se movilizaban con mayor facilidad, en particular los sindicatos de base urbana, los intereses de empresarios que si bien no tenían un rol formal en el partido estaban vinculados a los políticos y los intereses de los propios políticos. El PRI aseguraba para el régimen el control

32 Véase, por ejemplo, Domínguez y McCann, *Democratizing Mexico*, p. 18.

33 Véase el ensayo de Pablo González Casanova, «El partido del Estado y el sistema político», en Pablo González Casanova, *El Estado y los partidos políticos en México*, 3ª ed., México, Era, 1986.

de los cargos electivos importantes. En las palabras de González Casanova, el PRI era el Estado en competencia con los partidos de oposición.

Dada la ausencia de una fiscalización efectiva por parte del Congreso, los jueces o la prensa, el destino de parte de la actividad redistributiva del Estado era no sólo los sindicatos y empresarios vinculados al gobierno, sino también los propios gobernantes y sus allegados.[34] Si bien el régimen podía disponer en muchas ocasiones de burócratas y políticos competentes y bienintencionados, los incentivos a la corrupción no pueden haber sido sino muy poderosos. En este sentido, la corrupción —en cuanto a la redistribución a beneficio personal de los propios gobernantes— puede entenderse como una característica desafortunada pero inevitablemente crónica de un régimen sin competencia por el voto popular.

Si bien el presidente era renovado cada sexenio, la continuidad en las decisiones políticas era asegurada por el hecho de que cada presidente elegía a su sucesor dentro del grupo de colaboradores más cercanos, por el solapamiento del grupo de colaboradores de un sexenio a otro y por el prolongado periodo que mediaba entre la designación del sucesor y el cambio presidencial, resultado en parte del requerimiento legal de que las elecciones presidenciales se realicen en julio y el cambio presidencial en diciembre. Este largo lapso favorecía acuerdos sobre la composición del futuro gabinete.[35]

---

34 Son reveladoras en este sentido las páginas dedicadas al tema de la «renovación moral» por el ex presidente Miguel de la Madrid en sus memorias, *Cambio de rumbo. Testimonio de una presidencia...*

35 Véase Jorge G. Castañeda, *La herencia: Arqueología de la sucesión presidencial en México*, México, Alfaguara, 1999. Aun cuando existían incenti-

En términos olsonianos, diríamos que la estabilidad del régimen mexicano le dio un interés comprehensivo en la economía. De manera notable, el régimen propició el rápido crecimiento económico desde la década de 1950 hasta mediados de la de 1970, a través de la inversión pública en infraestructura básica y de una política macroeconómica prudente, que aseguró un entorno estable de precios y tipo de cambio durante gran parte de ese periodo y permitió la expansión de la intermediación financiera.[36] De 1950 a 1970 la cartera de crédito del sistema financiero como porcentaje del producto interno bruto (PIB) se duplicó, pasando de cerca de 15% a alrededor de 30%; en este crecimiento los intermediarios privados desempeñaron el papel más importante.[37] Además de movilizar el crédito a los sectores de la economía en expansión (industria y comercio), el crecimiento en la intermediación permitió, vía el encaje legal, el financiamiento no inflacionario del gasto público, cuya expansión no fue acompañada por un incremento en la tributación.

---

vos para acuerdos intertemporales de una presidencia a la siguiente, éstos no necesariamente funcionaban a la perfección, como lo analizaremos más adelante en el contexto de las crisis cambiarias.

36 Véanse Leopoldo Solís, *La realidad económica mexicana: Retrovisión y perspectivas*, México, Siglo XXI Editores, 1975; y del mismo autor: *Economic Policy Reform in Mexico. A Case Study for Developing Countries*, Nueva York, Pergamon Press, 1981; y Enrique Cárdenas, *La política económica en México, 1950 1994*, México, El Colegio de México/FCE, 1996, para diferentes puntos de vista sobre el crecimiento económico en ese periodo.

37 Véanse Gustavo del Ángel, *Paradoxes of Financial Development. The Construction of the Mexican Banking System. 1941-1982*, tesis doctoral, Stanford University, 2002; y Gustavo del Ángel, «La banca mexicana antes de 1982».

La industria creció ostensiblemente en ese periodo a la sombra de un aparato proteccionista, debido a una política de industrialización por sustitución de importaciones, que en la práctica resultó en una industria oligopólica con altas tasas de ganancia en beneficio de los intereses particulares de determinados empresarios y sindicatos. La protección a la industria discriminó a otros sectores cuya expansión económica podría haber generado mayores beneficios a la sociedad. Al aparato proteccionista se sumó una maraña de apoyos, subsidios y estímulos para diversas y variadas empresas, que no podía tener sino un costo social en términos de eficiencia.[38] La política económica, en síntesis, revela tanto elementos de un interés comprehensivo en la economía como de extracción de rentas.

AUTORITARISMO Y DEBILIDAD DE LOS DERECHOS DE PROPIEDAD

Si en cuanto a sus objetivos distributivos el régimen posrevolucionario defendía intereses particulares, en cuanto a los me-

38 Carlos Bazdresch y Santiago Levy, «El populismo y la política económica de México, 1970-1983», en Rudiger Dornbusch y Sebastián Edwards, *Macroeconomía del populismo en América Latina*, México, FCE, 1992 (Col. Lecturas de El Trimestre Económico, 75), analizan algunas de las muchas formas en que el gobierno intervenía en la economía, y concluyen que el gobierno era tanto el actor central de la vida económica del país como el mediador en los conflictos sociales. Como lo manifestó sucintamente Luis Echeverría, siendo presidente de México: «la política económica se manejaría desde los Pinos».

dios a su disposición, su autoridad no estaba restringida a respetar los derechos individuales y, en particular, los derechos de propiedad. En este sentido, el régimen era autoritario.

El término autoritarismo se ha usado con frecuencia como sinónimo de régimen no democrático;[39] aquí lo estamos utilizando para referirnos a un régimen que no está constreñido a respetar y hacer respetar derechos individuales. Es concebible una democracia autoritaria, es decir, un régimen en el que el gobierno puede ser desalojado mediante elecciones, pero donde éste (tal vez con apoyo mayoritario) no tiene *de facto* un límite claro en su habilidad para infringir los derechos individuales, incluyendo el derecho a la propiedad y la libertad de contrato. Ejemplos recientes son el régimen de Alberto Fujimori en Perú y el de Hugo Chávez en Venezuela. Una democracia autoritaria, por supuesto, puede ser una criatura efímera. Como nota Olson, la democracia no es viable en última instancia si los individuos, incluyendo los rivales políticos del gobierno, carecen del derecho a la libre expresión y de seguridad en su propiedad y si no se puede confiar en que los jueces hagan valer la ley, en particular la electoral.[40]

Recíprocamente, es muy difícil que un gobierno no democrático proteja los derechos individuales. Douglas North y Mancur Olson, entre otros, analizan la inhabilidad de los gobiernos autocráticos para comprometerse a no expropiar, dada la ausencia de jueces independientes u otras fuentes de poder que el autócrata no pueda revocar.[41] El propio autócrata

39 En especial por Haber, «Authoritarian Government».

40 Olson, «Dictatorship, Democracy and Development».

41 Douglas C. North, *Institutions, Institutional Change, and Economic Perfor-*

pierde a causa de su incapacidad de comprometerse a respetar los contratos, dado que esto inhibe la disposición de los individuos a realizar inversiones, pues éstas pueden ser expropiadas. Un problema semejante aqueja a otros regímenes no democráticos donde el poder de tomar decisiones políticas está fuertemente concentrado.

Diversos autores han señalado la debilidad de los derechos de propiedad en el México posrevolucionario. Elizondo argumenta que el concepto constitucional mexicano, al

menos tal como se interpretaba bajo el régimen autoritario, otorga al presidente la facultad discrecional para limitar dichos derechos.[42] Haber señala que la banca privada vivía bajo un riesgo constante de expropiación, punto de vista que basa en la expropiación de los activos bancarios durante la Revolución y en el propio historial expropiatorio del régimen posrevolucionario,[43] el que revisaremos en algún detalle en las secciones históricas de este ensayo. Sin embargo, después de la Revolución, nunca se vio un caso de expropiación de la industria bancaria previo a 1982. ¿Cómo explicar que el régimen no cayera con anterioridad en la tentación de incautar los activos de la banca privada? ¿Y cómo explicar el crecimiento de dicha banca bajo la sombra de la posibilidad de una expropiación?

Para nosotros, la respuesta está en el interés comprehensivo del régimen posrevolucionario. La banca privada le era útil en tanto fuese más eficiente que la administración públi-

mance, Nueva York, Cambridge University Press, 1990; y Olson, *op. cit.*

42 Elizondo Mayer-Serra, *La importancia de las reglas...*

43 Haber, «Why Institutions Matter...»; y del mismo autor, «Why Banks Don't Lend...».

ca del crédito. Además, la debilidad de los derechos de propiedad no sólo se refería a los derechos de propiedad absolutos, sino también a los derechos de propiedad residuales de diferentes actividades económicas. En el caso de la banca privada, el encaje legal era una intervención del régimen en los derechos de propiedad residuales, pues su nivel se fijaba tomando en cuenta no exclusivamente la necesidad de una regulación prudencial de la banca, sino las necesidades fiscales.[44] Así, como nota el propio Haber, a inicios de los años setenta el encaje llegaba a niveles confiscatorios. Desde nuestro punto de vista, el hecho de que los derechos de propiedad sean frágiles bajo un régimen autoritario no implica que exista un riesgo constante de expropiación. En el modelo formal siguiente mostramos que, dado que el Estado podía modificar de manera arbitraria el encaje legal, la banca privada era útil al régimen posrevolucionario en tanto fuese más eficiente que la administración pública del crédito.

Para poder explicar la expropiación de 1982 debemos considerar no sólo el carácter autoritario del régimen sino también —como haremos más adelante— las circunstancias particulares de las crisis cambiarias de 1976 y 1982. Sólo en circunstancias que dificultaran al gobierno observar las acciones de la banca privada podía ocurrir que éste la expropiase como una medida «disciplinaria». La amenaza de expropiación se convirtió entonces en una herramienta útil para

44 La posibilidad de financiar el sector a partir del ahorro voluntario permitió postergar una reforma tributaria que podía herir los propios intereses de políticos y burócratas importantes, al levantar el anonimato con respecto a la riqueza personal (véase, por ejemplo, Solís, *Economic Policy Reform in Mexico*...).

un régimen autoritario. Sin embargo, en la medida en que la banca privada era útil al régimen, castigar a ésta *ex post* por acciones no observables era en principio poco creíble. La propia necesidad de administrar el Estado en el marco de una economía de mercado relativamente compleja había llevado al desarrollo de una burocracia relativamente competente en instituciones tales como el Banco de México y la Secretaría de Hacienda. Cuando las circunstancias llevan al régimen a intentar hacer creíble la amenaza de expropiación de la banca privada, esta burocracia, interesada en la administración racional de la economía, se convierte, en alguna medida, en un estorbo.[45] La introducción de elementos emocionales e ideológicos en las decisiones económicas del gobierno es útil, entonces, para establecer la credibilidad de la amenaza de expropiación.

45 Solís, *Economic Policy Reform in Mexico...*, p. 82 y ss., por ejemplo, siendo subdirector del Banco de México, luego de reportar un exabrupto contra los «riquillos» durante la lectura del informe a la nación del presidente Echeverría en 1974, advierte que el simple hecho de cuestionar la naturaleza y estabilidad de los derechos de propiedad induce al sector privado a comportarse de manera subóptima y perjudica a la economía.

II

EL ESTADO Y LA BANCA EN EL MÉXICO POSREVOLUCIONARIO

En septiembre de 1976, momentos después de concluir el último informe de gobierno de Luis Echeverría, el presidente de Bancomer, Manuel Espinosa Yglesias, se encaminaba a una recepción privada; ya en los elevadores del banco, dijo a uno de sus colaboradores más cercanos, jugando entre la broma y la confidencia: «La libramos, no nos expropiaron».[46] Esta anécdota encierra el argumento principal de esta sección: en el México posrevolucionario la banca enfrentaba un riesgo de expropiación. No obstante, el Estado y la banca lograron mantener una relación armónica sustentada en los mecanismos propios del pacto corporativo, lo que redujo dicho riesgo. Como explica Elizondo, la estructura legal hacía posible la expropiación.[47] Sin embargo, otros elementos de la matriz institucional y, en particular, los mecanismos regulatorios y políticos del Estado permitieron establecer reglas *quid*

46 Entrevista con Álvaro Conde.
47 Elizondo Mayer-Serra, *La importancia de las reglas...*

pro quo con la banca que redujeron el riesgo de expropiación.

En las sociedades modernas, la relación del Estado con el sistema financiero —y en particular con la banca— es una interacción entre dos configuraciones de poder, donde existe el beneficio mutuo y el conflicto. Esta interacción puede tomar muchas formas, dependiendo de las características del régimen político y de la tecnología de intermediación. Por lo tanto, no hay una última palabra sobre los resultados que puede generar.

Un aspecto crucial de la relación entre Estado y banca es estipular quiénes (y qué entidades) tienen posibilidad de operar la intermediación financiera y bajo qué condiciones; esto es, la definición de derechos de propiedad sobre la industria bancaria. Desde principios del siglo XX, los Estados han puesto mayor atención en este aspecto, por varias razones. Una de ellas es que la masificación gradual de las operaciones bancarias de financiamiento ha llevado a que la habilidad de la banca para colocar eficientemente el crédito tenga un gran impacto en la actividad económica. Otra es que la expansión del papel de la banca en el sistema de pagos ha ocasionado que la actividad bancaria implique riesgos que se comparten con grandes grupos de la población. Finalmente, la propia relación financiera entre el Estado y la banca se fue haciendo más compleja y diversa, lo que ha llevado a que la actividad de ésta tenga consecuencias importantes para las finanzas públicas. Por todas estas razones, la definición de derechos de propiedad de la banca es una cuestión importante para cualquier régimen político con un interés comprehensivo en la economía.

Si bien la definición de derechos de propiedad sobre

la industria bancaria se expresa a través del derecho y de la doctrina legal, fenomenológicamente reúne un conjunto de eventos históricos y aristas institucionales. En los párrafos siguientes se analizarán las particularidades de esta definición en el México posrevolucionario.

LOS DERECHOS DE PROPIEDAD EN MÉXICO

Stephen Haber[48] argumenta que el marco institucional en el que se desarrolló el sistema bancario mexicano durante la mayor parte del siglo XX no daba certeza a los derechos de propiedad privados, lo cual implicaba para los banqueros un constante riesgo de expropiación. Este argumento lo fundamenta en el antecedente de incautación de los activos de la banca privada en 1916, durante la Revolución mexicana.[49] Antes de la Revolución los derechos de propiedad ya eran inciertos,[50] pero la evidencia más contundente es el historial de expropiaciones de empresas privadas llevadas a cabo por el gobierno posrevolucionario. Tal fue el caso del petróleo y otros sectores considerados como estratégicos en la Consti-

48 Haber, «Why Institutions Matter...»; y del mismo autor, «Why Banks Don't Lend...».

49 Otros autores y juristas coinciden en ver la incautación de 1916 como un precedente de la capacidad del Estado para tomar el control de los activos bancarios. No obstante, queda aún en discusión la validez de este hecho como un precedente analítico de la expropiación de 1982, tanto por su naturaleza jurídica como por los eventos que condujeron a ambas medidas.

50 Haber, Razo y Maurer, *The Politics of Property Rights...*

tución, así como las expropiaciones de grandes extensiones de tierra agrícola, realizadas desde el sexenio de Lázaro Cárdenas hasta el de López Portillo.

Ahora bien, las diversas expropiaciones se dieron en circunstancias muy distintas, y como resultado de eventos al menos aparentemente disímiles a los de la estatización de 1982. Entre las razones legales podían estar la utilidad pública, el rescate de empresas en problemas, estados de emergencia (como las expropiaciones de predios en 1985), por consideraciones gubernamentales en cuanto al estatus constitucional de alguna actividad (como el caso de la producción de energía eléctrica) o criterios de justicia redistributiva. Los ejemplos y sus causas son innumerables;[51] sin embargo, la abundancia de casos es en sí misma ilustrativa. El Estado mexicano posrevolucionario demostró tener la capacidad de confiscar activos privados con cierta facilidad, merced a herramientas legales que se lo permitían y al apoyo de parte de la opinión pública, en particular la prensa, analistas, voces de autoridad y algunos grupos.[52] La habilidad para combinar mecanismos legales y la movilización de sectores favorables de la sociedad, con independencia de las particularidades del caso y de

51 Véase Anexo I, «El gobierno posrevolucionario y las expropiaciones».

52 En el caso de la prensa, se trataba tanto de reporteros como de editorialistas de periódicos y revistas. Los analistas eran los especialistas, entre ellos intelectuales y académicos, que opinaban en la prensa o en publicaciones especializadas. Las voces de autoridad eran personajes públicos con una reputación para emitir opiniones sobre ciertos temas nacionales. Los grupos eran colectivos organizados que presentaban sus opiniones públicamente y ante el gobierno, ya fuera por un principio de interés corporativo (grupos de interés) o por incidir en los programas de gobierno con fines más amplios.

las modalidades de la confiscación, fue precisamente una de las características del régimen autoritario.

La capacidad confiscatoria del gobierno se fundamentaba en principio en un marco legal que le daba al Estado la rectoría económica y que está plasmado en la Constitución. Éste es el argumento base de Elizondo,[53] quien analiza a fondo la política del Estado con respecto a los derechos de propiedad. Su obra abre con la frase: «La Constitución mexicana define la propiedad privada como una creación de la nación (representada por el Estado) y sujeta a las modalidades que dicte el interés público». El argumento principal de dicho autor tiene dos propósitos: demostrar que el marco legal, fundamentado en la Constitución y en la legislación secundaria, hacía inciertos los derechos de propiedad, y demostrar que la facultad de acción discrecional del presidente está comprendida dentro del marco legal. Este argumento lleva al ámbito de la ejecución institucional de los derechos de propiedad la tesis de Daniel Cosío Villegas, de que el presidente de la República estaba dotado de facultades y recursos prácticamente ilimitados[54].

La posibilidad de confiscar la propiedad privada sin violentar la Constitución y el marco legal no es, sin embargo, una condición suficiente para que las confiscaciones tengan lugar. El gobierno necesita una capacidad de operación en los ámbitos político, legal y social, que le permita la confiscación de activos sin confrontaciones ni contrapesos tanto en las instituciones formales como en las informales que se lo impidan.[55] En este sentido, el corporativismo autoritario es una

53 Elizondo Mayer-Serra, *La importancia de las reglas...*

54 Daniel Cosío Villegas, *El estilo personal de gobernar*, México, FCE, 1972.

55 Un ejemplo que viene al caso es la expropiación bancaria en Perú,

estructura propicia para esta operación. Debe existir, además, una inclinación o marco doctrinal dentro y fuera del Estado favorable a las expropiaciones. Jesús Silva-Herzog, uno de los formadores de las ideas y doctrina de la economía política del México posrevolucionario, se refiere a los derechos de propiedad y al dominio de la nación sobre las riquezas del subsuelo, del artículo 27 constitucional, en estos términos:

> [E]sos principios [del artículo 27] han sido rudamente atacados por litigantes retardatarios o vendidos al capital extranjero, sosteniendo la tesis de que el derecho de propiedad es y debe ser inmutable. ... ¿Y será razonable que en un mundo así solamente haya una cosa que se llama derecho de propiedad inmutable y eterna como Dios? Y quizás Dios se está eternamente renovando dentro de sí mismo.[56]

Es sabido que la postura del gobierno respecto de los derechos de propiedad variaba según la administración en tur-

---

donde la movilización de la opinión pública, y en particular de empleados bancarios y otros sectores profesionales, detuvo el intento de expropiación del sistema financiero por parte del gobierno de Alan García, a pesar de que éste disponía de las herramientas legales para hacerlo, de una mayoría en el Congreso y, presumiblemente, de la aquiescencia del sistema judicial (véase Mario Vargas Llosa, *El pez en el agua. Memorias*, Seix Barral, 2003, para la versión de primera mano de uno de los inspiradores de la protesta). El marco legal es una arista institucional que incide sobre las demás y es el esquema de referencia más importante y rígido, pero también recibe incidencia de otras aristas institucionales y es modificable.

56 Jesús Silva Herzog, *Apuntes sobre evolución económica de México*, 1927, pp. 83-84. Más allá de un debate doctrinal, el párrafo sugiere un esquema de ideas que legitima la acción del Estado sobre los derechos de propiedad.

no.[57] El hecho de que cada administración se inclinara hacia una postura u otra reflejaba no sólo un vaivén natural de la política, sino posturas ideológicas encontradas en el gobierno. Cordera y Tello sintetizaron el debate ideológico como «la disputa por la nación»,[58] refiriéndose a una confrontación doctrinaria que caracterizó al ala económica del gobierno mexicano posrevolucionario. Tal debate sobre el rol del Estado en la economía a lo largo del siglo xx no fue privativo de México; lo particular del caso mexicano fue que se dio a pesar del aparente esquema monolítico del autoritarismo presidencial.[59] Desde nuestro punto de vista, es algo simplista considerar que dicho debate dio lugar a la trayectoria histórica del trato a los derechos de propiedad.[60] Como elaboramos más adelante, en el marco de un análisis de teoría de juegos, creemos que el choque ideológico era útil al régimen, pues puso a su disposición contrapesos que le permitían un mejor

57 Esto es un componente del argumento de Elizondo Mayer-Serra, *La importancia de las reglas...*, quien lo plantea como algo que va asociado a las capacidades del presidente.

58 Cordera y Tello, *México: la disputa por la nación...*

59 Excelentes ejemplos de los debates ministeriales en materia financiera y de hacienda se encuentran en los libros de María Eugenia Romero Sotelo y Leonor Ludlow (comps.), *Controversias bancarias y monetarias en México, 1880-1854*, México, Instituto de Investigaciones Históricas, UNAM, 2006; y María Eugenia Romero Sotelo *et al.*, *Historia del pensamiento en México. Problemas y tendencias, 1821-2000*, México, Trillas, 2005, en particular los capítulos por Eduardo Turrent y Francisco Suárez Dávila; así como en el libro de Eduardo Turrent, *Historia del Banco de México*, México, Banco de México, 2001.

60 Sylvia Maxfield, en *Governing Capital: International Finance and...*, adopta esta perspectiva *ad litteram* para explicar la trayectoria de la banca mexicana.

manejo en su negociación frente al sector empresarial, y un apoyo para establecer amenazas creíbles.[61]

La historia de los derechos de propiedad en México suele escribirse desde la perspectiva de que el Estado los ha definido e incidido sobre ellos. Ésta es una perspectiva natural, pero incompleta. Los derechos de propiedad en México eran y son aún vulnerables no sólo a la acción del Estado, sino también a la acción de particulares o grupos ajenos a aquél. Esto facilita la acción depredadora del gobierno, al otorgarle una legitimidad más allá del dictado constitucional. ¿Cómo se gestó históricamente un marco institucional (legal, social y cultural) de derechos de propiedad que no provee certidumbre a éstos, sean privados o comunitarios? Ésta es una historia aún por escribirse.[62]

LOS DERECHOS DE PROPIEDAD SOBRE LA BANCA

La industria bancaria descansa no sólo en activos tangibles, sino también en activos intangibles, como la capacidad de

61 La confrontación de las dos visiones de política económica tuvo momentos distintivos, como los periodos presidenciales de Cárdenas y de Echeverría, pero tal vez fue llevada al extremo en el sexenio de López Portillo, quien, en busca de una «dialéctica» conciliadora, escuchaba a ambas partes, según lo narra De la Madrid, en sus memorias, *Cambio de rumbo. Testimonio de una presidencia...*

62 Algunas hipótesis sobre cómo se construyó «la política de los derechos de propiedad» en el México del porfiriato y en el de la Revolución las proporcionan Haber, Razo y Maurer, *The Politics of Property Rights...*

operar la intermediación y los servicios financieros. Esto complica tener una definición de derechos de propiedad y de riesgo de expropiación. Una pieza de evidencia que complementa robustamente el argumento de Haber, sobre la existencia de un riesgo de expropiación,[63] es la cambiante definición de la industria bancaria privada que se establecía en la ley: la operación de bancos por parte de privados se consideraba unas veces como **autorizaciones** y otras como **concesiones** que daba el gobierno. Esto mostraba que había administraciones quc tenían una actitud abiertamente beligerante frente a la banca privada, así como otras que se manifestaban tolerantes. La Ley General de Instituciones de Crédito y Organizaciones Auxiliares de 1941 señalaba en su texto original que para operar bancos se requería una **concesión** del gobierno federal. La ley fue reformada el 15 de marzo de 1946 para sustituir los términos «concesión» y «caducidad», por «autorización» y «revocación», respectivamente. El 29 de diciembre de 1962 se volvió a modificar su artículo 2º para regresar al término **concesión.**[64]

Es importante señalar que, independientemente de si se considera la banca como autorización o como concesión, el Estado mantiene el control sobre la resolución de operación. Una concesión, sin embargo, significa que el Estado se reserva derechos de propiedad que permite explotar a agentes privados; implica, además, una posible caducidad.[65] Para los ju-

63 Haber, «Why Institutions Matter...»; y del mismo autor, «Why Banks Don't Lend...».

64 F. Borja, *El sistema financiero mexicano*, México, FCE, 1991, capítulo IV.2.

65 En sentido estricto, habría que definir si se trata de derechos residuales de propiedad o de un activo o recurso sobre el cual se puedan ejer-

ristas, técnicamente el término concesión estaba sujeto a que la banca se considerase un servicio público. De otra forma, se creaban problemas para definir la sujeción a concesión del recurso o actividad en cuestión.

La noción de la banca como servicio público ha estado presente en la legislación de varios países. Su planteamiento más directo se hizo en Francia, sobre todo a partir de la expropiación de la banca en 1945. Su fundamento, al menos en las doctrinas jurídicas francesa y belga, es que la banca tiene una misión de interés general: la distribución y regulación del crédito.[66] Ahora bien, no hay un criterio definitivo y generalizado en el derecho bancario o en el derecho administrativo que defina a la banca como servicio público. En el caso de México, antes de la expropiación, no se había definido a la banca como servicio público. En la exposición de motivos de las reformas a la ley bancaria de 1973 y 1975, el Ejecutivo se pronunció por definir la actividad bancaria como un «servicio público», lo cual indica qué pensaban las autoridades sobre la naturaleza jurídica de la actividad, pero sin modificar el estatus legal de la banca[67]. Esto cambió con la reforma del párrafo quinto del artículo 28 constitucional, hecha después de la expropiación, el 17 de noviembre de 1982, para definir la operación bancaria como un servicio público, lo cual ataba un cabo suelto en jurisprudencia y ponía un candado a la reversión de la medida, como se explicará más adelante.

---

cer derechos de propiedad absolutos.

66 Miguel Acosta Romero, *Legislación bancaria*, México, Porrúa, 1986.

67 *Loc. cit.*

La discusión ideológica del problema es ilustrativa. Tanto en el gobierno como entre la opinión pública había grupos que veían con buenos ojos la posible expropiación de la banca, o al menos que el gobierno ejerciera parcialmente esa facultad, argumentando unas veces su carácter de servicio público y otras, un ánimo de justicia social. Dichas posiciones se hicieron más visibles en la década de 1970, durante el sexenio de Luis Echeverría, en el cual se intensificó la discusión de la expropiación bancaria como una propuesta política.

Un ejemplo de esas frecuentes discusiones, plasmadas en fuentes periodísticas, es el artículo «Reforma bancaria» publicado el 5 de enero de 1971 en *El Universal*: «[e]l sistema bancario no tiene una función puramente privada sino de orden público. ... La inactividad y el criterio que aún predomina... permite a algunos economistas, aun[que] no sean comunistas, demand[ar] la nacionalización de los bancos». A su vez, el 25 de octubre de 1971, el periódico *Novedades* publicó una nota titulada «No es conveniente ni necesario nacionalizar la banca mexicana», lo que demuestra que estos planteamientos se discutían al menos en ciertos medios.

Por otra parte, durante un homenaje a Lázaro Cárdenas, en octubre de 1971, Cuauhtémoc Cárdenas expresó que uno de los puntos del testamento político del ex presidente era la conveniencia de nacionalizar la banca, lo que desató un debate periodístico. De acuerdo con diversos medios, en respuesta a argumentos a favor de dicha medida, Mario Beteta, secretario de Hacienda, expresó el 1 de agosto de 1972 que el gobierno no pugnaría por ello. En diciembre de 1978, según una nota de *Novedades*, la Confederación de Trabajadores de México (CTM) también planteaba la nacionalización de la banca. Ésta era parte del programa económico de grupos que buscaban una política económica alternativa.

la Banca debe ser

Nacionalizada

POR HEBERTO CASTILLO

Desde muchos años atrás, entre las corrientes de la izquierda mexicana, la expropiación de la banca se manejaba como un aspecto programático de su lucha política, como lo muestra este artículo de Heberto Castillo publicado en la revista *Siempre!* en septiembre de 1969.

La idea de que la expropiación de los bancos era deseable fue reforzada por experiencias en otras naciones. El cuadro 1 presenta un resumen de casos en otros países, algunos inspiradores de la medida, como Francia, y otros inspirados en el caso mexicano, como Perú.

CUADRO 1

CASOS INTERNACIONALES DE EXPROPIACIÓN BANCARIA

PAÍS, AÑO	ALCANCE	ARGUMENTOS
Perú, 1987	La totalidad del sistema, pero no se concretó la medida.	El tipo de cambio colapsaba porque «la oligarquía financiera usaba sus bancos para sacar los dólares del país y utilizaba el dinero de los ahorristas para hacer préstamos indebidos a sus propia empresas».
España, 1983	Parcial; los 18 bancos que formaban parte del conglomerado Rumasa. El gobierno socialista expresó el propósito de devolver los bancos al control privado una vez que se estabilizara su situación.	El grupo constituía «una preocupación para las autoridades monetarias debido a sus operaciones riesgosas y sus prácticas inversionistas», por lo cual ponía en peligro al sistema financiero. A esto se agregaban prácticas fraudulentas.
Francia, 1982	Parcial. Proyecto del gobierno socialista como secuencia de la primera nacionalización en 1945, cuando De Gaulle nacionalizó los tres bancos más importantes. En 1982 técnicamente se trató de la expropiación de las acciones de 36 bancos pequeños. Quedaron 71 bancos privados y las entidades financieras mutualistas, así como la banca extranjera. El reordenamiento posterior del sistema francés fue similar al que se llevó a cabo en México.	En 1945 la banca fue acusada de «egoísmo, desigualdades, tratamientos de excepción, polos de dominación, poder financiero que acumulaba poder industrial y dedicarse a la especulación». En 1982 la nueva ley fue aprobada por la Asamblea Nacional.
El Salvador, 1980	Totalidad del sistema.	
Nicaragua, 1979	Totalidad del sistema.	Programa Junta de Gobierno de Reconstrucción Nacional.

Fuentes: Acosta Romero, Legislación bancaria, y Del Ángel, Bazdresch y Suárez (comps.), Cuando el Estado se hizo banquero…

Si bien, la idea de una banca estatizada llegó a formar parte de las propuestas de grupos de la izquierda, los antecedentes intelectuales de la nacionalización son variados. En primer lugar, no necesariamente todos los que argumentaban la nacionalización se consideraban de izquierda, además de que la diversidad de corrientes dentro de ésta complicaba una propuesta unificada al respecto. En segundo, los planteamientos reflejaban más una combinación de enfoques que propiamente un programa de izquierda. Los principales promotores de la medida usaban marcos conceptuales de la teoría de la dependencia y del estructuralismo y de la teoría keynesiana, entre otros.[68] La corriente más dura se fundamentaba en la teoría de los *commanding heights*, en la cual se reconocía influencia de la escuela económica de Cambridge.[69] Algunos de estos economistas entraron como cuadros técnicos en la administración de Luis Echeverría y después en la de José López Portillo. Para muchos de ellos, la estatización no implicaba una nueva doctrina económica sino un diseño alternativo de la política económica, ante el decaimiento del crecimiento económico desde principios de la década.

---

68 En los años setenta era notoria la diversidad de enfoques sobre política económica entre los economistas, en particular entre los del sector público. Es importante clarificar esto para no caer en las reducciones que se hacen de manera recurrente sobre enfoques populares (por ejemplo: izquierda-derecha, mercado-intervencionismo).

69 Como arriba se señaló, la obra clásica que clarifica la confrontación de ideas es *México: la disputa por la nación...* de Carlos Tello y Rolando Cordera. Otros libros que hacen planteamientos sobre el sector financiero son el de José Manuel Quijano (comp.), *La banca. Pasado y presente*, México, CIDE, 1983; y el de Alonso Aguilar *et al.*, *La nacionalización de la banca y la crisis de los monopolios*, México, Nuestro Tiempo, 1983.

No todos coincidían en favorecer una posible expropiación de la banca, pero sí había entre ellos una noción de que el Estado tenía que mantener e incluso aumentar su papel en la economía.[70] Además, dados los tropiezos en el crecimiento económico, había una demanda con un trasfondo de justicia distributiva.

Algunos de los reclamos más recurrentes con respecto al sector bancario eran el carácter «monopólico» (u oligopólico) que se le atribuía desde décadas atrás, así como su papel en la acumulación de riqueza por parte de los grupos empresariales en aquellos años.[71] Según este enfoque, si la banca continuaba en manos privadas, desempeñaría un papel limitado como factor de crecimiento económico. En este contexto, el riesgo de expropiación de la banca tiene como una de sus fuentes las demandas de algunos sectores dentro del régimen.

Para Haber, el riesgo de expropiación es un factor que ayuda a explicar la permisividad con la que el gobierno veía la alta concentración de la industria bancaria, así como la protección que otorgaba a los banqueros mexicanos contra la competencia interna y externa, y el carácter casi benevolente de la supervisión bancaria.[72] Todo ello era una forma de compensar ese riesgo. Dicho autor no sólo se refiere a la capacidad del gobierno para adjudicarse activos privados al-

---

70 Cordera y Tello, *op. cit.*; y entrevista con Jesús Puente Leyva.

71 Véanse, por ejemplo, Fernando Carmona *et al.*, *El milagro mexicano*, México, Nuestro Tiempo, 1970; y José Manuel Quijano, *México: Estado y banca privada*, México, CIDE, 1981.

72 Haber, «Why Institutions Matter...»; y del mismo autor, «Why Banks Don't Lend...».

terando los derechos de propiedad absolutos, sino también a su capacidad de adjudicarse derechos de propiedad residuales en algunas actividades. En el caso de la banca, la implementación del sistema de encaje legal (coeficiente de reservas obligatorio en el banco central sobre los depósitos) llegó a niveles confiscatorios a fines de los años setenta y principios de los ochenta. Si bien la banca aún no era expropiada, para Haber esto era una expropiación *de facto*. Esta aseveración es más bien aventurada —y errónea—, pues, en primer lugar, la

medida puede considerarse con mayor precisión una adjudicación de derechos de propiedad residuales; en segundo, el monto del encaje legal dependía del déficit público *ex post*, y no al revés. *Ex post* se convertía en una confiscación, pero no era resultado de una política expresamente confiscatoria de los depósitos.

El punto más importante de Haber es que los derechos de propiedad privados en México se mantuvieron frágiles a lo largo del siglo XX. No obstante, su análisis no explica por qué, después de la Revolución y antes de 1982, nunca se vio un caso de expropiación de la industria bancaria. Tampoco explica la efectividad del carácter sorpresivo de la medida, ni por qué ésta violentó el ambiente político del país, al crear una ruptura entre el Estado y el empresariado.

EL PACTO CORPORATIVO

Una pieza clave para entender la expropiación bancaria es la relación corporativa que hasta 1982 existió entre el Estado y el gremio de los banqueros. Esta relación corporativa era el mecanismo que permitía que la expropiación del sector fuera posible, pero poco probable.

La Asociación de Banqueros de México, formada en 1924 como parte de la reconstrucción del sistema financiero del país posterior a la Revolución, era el grupo más poderoso del sector privado nacional. Los banqueros eran, de hecho, la voz del sector empresarial.[73] Esto se debía no sólo al peso de los bancos como empresas privadas, sino a que en la propiedad de los bancos confluían los principales intereses empresariales del país, a través de una red de vínculos de propiedad que se extendía a prácticamente todo el sector financiero. Del mismo modo, los bancos tenían información privilegiada sobre toda la actividad empresarial. Además, por la naturaleza de su operación, la banca estaba vinculada a la actividad financiera del gobierno, lo que hacía de los banqueros los interlocutores más adecuados del Estado.[74] Sus relaciones, claro está, no eran negociaciones entre posturas inquebrantables, ni entre

73 Entrevistas con Agustín Legorreta y Carlos Abedrop; sus testimonios y los de David Ibarra, quien llamaría a la Asociación de Banqueros «la CTM del sector privado», en Del Ángel, Bazdresch y Suárez (comps.), *Cuando el Estado se hizo banquero...*

74 Esto ha dado pie a varias creencias generalizadas. Por ejemplo, Sylvia Maxfield, en *Governing Capital: International Finance and...*, y en «The International Political Economy of Bank Nationalization...», analiza esta relación en torno a expresiones ideológicas que identifica dentro del gobierno; plantea a los banqueros como un grupo relativamente homogéneo, y a los cuadros financieros del gobierno en dos líneas de política económica: una **desarrollista** o de gobierno interventor y otra **financiera** o liberal (la primera complaciente con los banqueros, la segunda no). De acuerdo con este argumento, los resultados de la política eran producto de esta interacción.

grupos monolíticos. Había cabida para la concertación, además de que las relaciones personales entre los distintos agentes también podían incidir sobre los resultados.

Definida *grosso modo*, la relación entre el Estado mexicano y los banqueros era de prudente distancia (*arm's-length*), marcada por un respeto mutuo.[75] La interacción estaba estructurada por los constantes *quid pro quo* corporativistas entre un Estado autoritario y un grupo de poder. Esto era una parte del llamado **pacto corporativo**, mediante el cual el gobierno mexicano mantenía un equilibrio con distintos sectores sociales y políticos, así como con grupos de poder. Las reglas que definían estas relaciones estaban establecidas en la ley y las regulaciones, pero también había otras reglas tácitas. En este ámbito se desarrollaba una constante negociación, cuyos instrumentos eran la aplicación de la regulación y la política pro o anticompetitiva. La protección contra la competencia fue más clara a partir de los años cincuenta, cuando se acentuaron las restricciones a la creación de competencia local, en particular en la fundación de bancos y en la apertura de sucursales. En el caso de la competencia del exterior, las restricciones se fueron recrudeciendo con el tiempo, no sólo en torno a la participación de bancos extranjeros, sino a los límites de participación de extranjeros en la propiedad de la banca. La banca extranjera operaba con oficinas de representación, lo que aseguraba que esos negocios pasaran por las

75 Entrevistas con varios actores del sector bancario, entre ellos Carlos Abedrop, Agustín Legorreta, Ernesto Fernández Hurtado, Sergio Ghigliazza y Carlos Bazdresch.

ventanillas de la banca mexicana.[76]

En el cumplimiento de varios aspectos de la regulación, como en préstamos relacionados (*insider lending*), reglas de capitalización por distintos tipos de activos en riesgo, restricciones a la tenencia de acciones cruzadas con otros intermediarios, por mencionar algunos, la autoridad era diligente, pero no severa, salvo en casos excesivos.[77] El gobierno también ofrecía una supervisión muy laxa. Las soluciones a problemas prudenciales se resolvían prácticamente de forma *ad hoc*, muchas veces con acciones coordinadas entre los grandes bancos privados y la autoridad reguladora, sobre todo el banco central. Tal laxitud a la larga fue en detrimento de la calidad y efectividad de la regulación prudencial.

Una parte de la regulación que era prioritaria para la autoridad era el manejo del encaje legal —el coeficiente de reservas en el banco central—, ya que éste era un instrumento fundamental para el financiamiento del gobierno, además de ser el mecanismo para controlar la oferta monetaria hasta la creación de los Certificados de la Tesorería (Cetes) a fines de los años setenta. En la definición de los porcentajes (absolutos y marginales) del encaje legal, el Banco de México era una autoridad rigurosa.[78] Sin embargo, hasta dicha década,

76 Gustavo del Ángel, «The Corporate Governance of the Mexican Banking System. A Historical Perspective: 1940-2000», México, Centro de Investigación y Docencia Económicas (CIDE), 2006 (Documento de Trabajo, 373); y del mismo autor *Paradoxes of Financial Development. The Construction...*

77 Del Ángel, «The Corporate Governance of the Mexican Banking System...» y *Paradoxes of Financial Development. The Construction...*

78 David Madero, «The Political Economy of Monetary Stability in Post-

los porcentajes del encaje legal eran consultados, o incluso negociados, con los principales banqueros.[79]

La banca de desarrollo y los fideicomisos públicos de fomento permitían negociar en ambas direcciones. Su actividad, a través de los programas obligatorios de crédito selectivo (o crédito dirigido, los cuales crecieron a partir de fines de los años cincuenta), permitía al gobierno canalizar financiamiento de la banca para propósitos que aquél considerara prioritarios, o bien, en el caso de préstamos de la banca de desarrollo, para grupos de interés.[80] A su vez, esas entidades públicas permitían que la banca privada financiara ciertas actividades de forma segura, porque el gobierno absorbía la mayor parte del riesgo, ya fuera mediante los fondos de los fideicomisos de fomento o en operaciones conjuntas con la banca de desarrollo.[81]

Por su parte, la banca se comprometía a mantener una actitud relativamente pasiva frente a las exigencias que imponían los instrumentos de financiamiento del gobierno. A pesar de que había críticas abiertas por parte de los banqueros, no hay evidencia de una confrontación permanente, ya que siempre se llegaba a un resultado negociado. Pero el

Revolutionary México: The Institutional Evolution of Banco de México», tesis doctoral, Los Ángeles, Universidad de California, 1998.

79 Ortiz Mena, *El desarrollo estabilizador: Reflexiones sobre...*; y Del Ángel, «La banca mexicana antes de 1982».

80 Ortiz Mena, *op. cit.*; y Del Ángel, «La banca mexicana antes de 1982».

81 Esto fue a partir de los años cincuenta. Con anterioridad, la banca privada se había negado a participar en los fondos de fomento (Gustavo Del Ángel, *Cosechando progreso. 50 años de* FIRA, México, Pinacoteca 2000-FIRA, 2004).

compromiso más importante del gremio de los banqueros era no tener ningún tipo de injerencia en la política. Los banqueros podían cuestionar medidas que afectaban al sector financiero, y esto en los foros destinados a ello, pero el ámbito político les estaba prácticamente vedado. Del mismo modo, los banqueros no saltaban a hacer carreras políticas. El foro principal era (y hoy lo es aún) la Convención Nacional Bancaria.[82] Como gremio podían también negociar en privado con las autoridades, en función de las relaciones personales de cada banquero con miembros del gobierno. Otra regla tácita interesante era el mutuo respeto, que no concernía sólo al trato, sino también a la ausencia de acciones difamatorias; lo cual es interesante porque en cierta forma sólo se rompe hacia 1982. Toda desviación de estas reglas por parte de los bancos podía ser castigada, tal como se explica más adelante. El cuadro 2 resume la relación Estado-banca dentro del pacto corporativo.

Ahora bien, si una parte fundamental de esta relación era el financiamiento que el gobierno podía sustraer de la banca, entonces el Estado, dada su naturaleza autoritaria, podía excederse en la sustracción de recursos. Esto podría hacerlo mediante amenazas creíbles (cumplimiento de una regulación rigurosa, por ejemplo) para que la banca no se desviara de sus compromisos del pacto corporativo. Esto no ocurrió en un principio, porque la banca privada proporcionaba la porción más importante del financiamiento a la economía, y

82 Los registros de estas convenciones, así como lo que se reportaba de ellas en la prensa, son una fuente imprescindible para estudiar esta interacción.

CUADRO 2

RELACIÓN ESTADO-BANCA PRIVADA

COMPROMISOS DE LOS BANQUEROS	COMPROMISOS DEL GOBIERNO
• No injerencia en la vida política. • Cumplimiento de los encajes legales (coeficiente de reservas). • Financiamiento al gobierno y cumplimiento de necesidades de financiamiento de la banca de desarrollo, con margen de negociación.	• Protección de la competencia, de la internacional (todo el periodo) y después de la interna (1950-1982), con margen de negociación. • Aplicación laxa de la regulación, así como regulación y supervisión prudenciales, con margen de negociación. • Apoyo de la banca de fomento.
Costos del incumplimiento: • Acción del gobierno que hacía caso omiso de sus compromisos. • Posibles (poco probables) expropiaciones individuales.	**Costos del incumplimiento:** • Desaceleración del financiamiento y del sistema de pagos. • Mayor costo del financiamiento público. • Posibles (poco probables) injerencias en la vida política.

controlaba el sistema de pagos. En este sentido, la banca era considerada un agente de crecimiento económico, así como un jugador indispensable en las transacciones económicas.[83]

83 Este discurso también aparece en los informes de gobierno presidenciales. Para la perspectiva del Banco de México y de la Secretaría de Hacienda, véanse, por ejemplo, los discursos de Rodrigo Gómez, en Banco de México, *Rodrigo Gómez, vida y obra*, México, Banco de México/FCE, 1991; y Dwight Brothers y Leopoldo Solís, *Mexican Financial Development*, University of Texas, 1966; así como los discursos de los secretarios de Hacienda en la compilación *Testimonios del Mercado de Valores*.

El vínculo de la banca con los grandes capitalistas, mayores empleadores y contribuyentes fiscales, le daba un peso adicional. Por lo tanto, cualquier acción excesiva por parte del Estado tendría un costo. Si bien ese costo era desconocido, para el gobierno era preferible no enfrentarlo. Probablemente el alto crecimiento económico logrado entre 1942 y 1972 era un aliciente para que el gobierno no tomara tal riesgo. Pero la situación económica fue cambiando a lo largo de los años setenta.

Los casos de desviaciones del pacto y regreso al equilibrio son ilustrativos del arreglo que describimos en los párrafos anteriores. Un ejemplo interesante es la adquisición hostil del Banco de Comercio en 1955, uno de los dos bancos más importantes de México, el cual contaba con una red nacional de bancos filiales. La adquisición se llevó a cabo en medio de un fuerte conflicto con el grupo creador del banco; es decir, con Salvador Ugarte, el más importante de los fundadores, y sus principales accionistas: Raúl Bailleres, Manuel Senderos y otros empresarios que, junto con Bailleres, conformaban el llamado Grupo Buda. Con excepción de Ugarte, el grupo fundador y el principal operador del banco, Aníbal de Iturbide, tuvieron que abandonar la institución después de severos conflictos con el nuevo accionista mayoritario, Manuel Espinosa Yglesias. El grupo fundador era, por llamarlo de una forma, la crema de la élite financiera mexicana, y había contado con la cercanía al gobierno y la amistad con los presidentes, desde Lázaro Cárdenas hasta Miguel Alemán, en tanto que Espinosa Yglesias era alguien desconocido en el medio bancario, que entonces era pequeño y muy cerrado.

La sátira política de la época ilustra una relación discursiva entre la banca y el gobierno en la cual la primera actúa no sólo como un sector relevante de la economía, sino como un aliado y un salvador de la «Revolución», o del régimen. En la portada de Siempre! de marzo de 1966 se caricaturiza a la «Revolución» como una mujer que «prefiere a los banqueros» y a quien el ban-

quero Aníbal de Iturbide sienta en sus piernas con el beneplácito de Antonio Ortiz Mena, el secretario de Hacienda. En la portada de la misma revista de marzo de 1967, el banquero Manuel Espinosa Yglesias es presentado como un salvavidas que gallardamente rescata a la «Revolución» de ahogarse, ante el asombro del pueblo.

Fue inusual que el gobierno no interviniese en una adquisición hostil (de hecho, los afectados solicitaron sin éxito la intervención de las autoridades) y que, más aún, diera su aprobación a la operación, la cual era indispensable para asegurar la estabilidad del banco. Una hipótesis para explicar la aquiescencia gubernamental a la adquisición hostil del Banco de Comercio es que el grupo fundador había confrontado abiertamente al gobierno en distintas convenciones bancarias, como la de 1945 y sobre todo la de 1950. Además, varios

consejeros y funcionarios del banco estaban involucrados en un partido de oposición que despuntaba tímidamente, el Partido Acción Nacional (PAN). Ello llevó incluso a que los servicios de inteligencia oficiales iniciaran en 1949 una investigación de estas personas por «enfrentar al gobierno». Eran empresarios muy poderosos, principalmente Bailleres, pero estaban perdiendo la gracia del gobierno. La adquisición no fue una acción gubernamental, pero necesitaba de la aprobación de éste para no resultar en un fiasco. Fue una oportunidad para cobrar una factura.[84]

Esporádicamente, algunos banqueros temían ser objeto de expropiación o confiscación. Esto se ejemplifica con claridad en la anécdota que se narra al inicio de este capítulo, sobre los temores de Manuel Espinosa Yglesias al final del sexenio de Luis Echeverría. Como describe Elizondo:

> ...aunque había una desconfianza recíproca entre el gobierno y los empresarios, la mayoría de éstos pudo beneficiarse de un ambiente

84 Del Ángel, *BBVA-Bancomer*, México, El Equilibrista/Fundación BBVA-Bancomer, 2007, capítulo III.

> de estabilidad política y económica... Oponerse al gobierno era peligroso, en especial porque se suponía que el PRI continuaría en el poder.[85]

Pero en tanto las acciones de los banqueros fuesen individualmente observables, no había razones para temer una expropiación generalizada. Como describiremos más adelante, una expropiación generalizada se convierte en una posibilidad viable cuando, como en el contexto de las crisis cambiarias, el gobierno tuvo dificultades en observar o entender las acciones de los banqueros.

85 Elizondo Mayer-Serra, *La importancia de las reglas...*, p. 126.

III

CRISIS CAMBIARIA Y AMENAZA DE EXPROPIACIÓN

UN MODELO DE BANCA Y CRÉDITO EN UN RÉGIMEN AUTORITARIO

Aquí presentamos un modelo formal de la relación entre gobierno y banca privada que recoge algunas características importantes de la economía y del régimen político mexicanos al tiempo de la estatización. En primer lugar, como se ha explicado anteriormente, el gobierno redistribuía a favor de intereses particulares. En segundo, como también se ha expuesto con anterioridad, el gobierno era autoritario y, por tanto, no tenía restricciones en la fijación del encaje legal —el cual podía ser arbitrariamente alto— o incluso podía simplemente estatizar la banca (como eventualmente sucedió). En tercero, el encaje legal era una fuente importante de financiamiento para el gobierno. Por último, parte importante de los recursos del gobierno se destinaban a la inversión.

En el modelo, tratamos al partido de gobierno y a la banca privada como agentes unitarios, cada cual capaz de comportarse de manera estratégica. Para motivar el rol de la intermediación financiera, consideramos que el sector privado (excluyendo la banca) está dividido en dos conjuntos de agentes: los ahorradores y los empresarios. Con la intención de poner el acento en la interacción estratégica entre gobierno y banca, consideramos que hay un continuo de ahorradores y de empresarios no bancarios, los cuales se comportan de manera no estratégica dada la influencia (insignificante) de cada uno.[86]

Los ahorradores disponen en conjunto de A unidades de recursos, medidos en pesos, los que pueden depositar en la banca o destinar a una forma de ahorro alternativa, como puede ser la compra de bienes durables, pequeñas inversiones y otras maneras de ahorrar que evitan la banca y que representan el costo de oportunidad de los recursos de los ahorradores. La forma de ahorro alternativa a los depósitos bancarios tiene un rendimiento de $1 + i$ pesos por cada peso ahorrado, de manera que los bancos deben ofrecer una tasa de interés pasiva igual o mayor que i. Como la banca puede comportarse de manera estratégica y los ahorradores no, la banca le ofrece a los ahorradores una tasa de interés pasiva igual a i y capta todos los recursos de los ahorradores,[87] de manera que

86 Entre los ahorradores y los empresarios pueden estar incluidos, por ejemplo, miembros del partido de gobierno a título individual o accionistas de la banca privada; lo importante es que los ahorristas y los empresarios no bancarios son incapaces de coordinar sus acciones de manera estratégica.

87 En realidad, el Banco de México fijaba la tasa de interés pasiva; aquí asumimos que la regulación bancaria era benevolente con respecto al propio sector, en el ánimo de nuestro análisis sobre el pacto corporativo, realizado en el capítulo anterior.

los depósitos bancarios están dados por $D = A$.

El gobierno fija una tasa de encaje legal e, de manera que recibe eD pesos de la banca privada. El gobierno invierte estos recursos en empresas de su propiedad o en empresas vinculadas a miembros o grupos del partido oficial.[88] El gobierno obtiene un rendimiento de $1+S(eD)$ pesos por cada peso que invierte, donde $S(\bullet)$ es una función continua y estrictamente decreciente. Por simplicidad, asumimos que el gobierno paga un interés de i sobre el encaje legal, de modo que el gobierno se apropia $(S(eD)-1)\times eD$ pesos pesos a partir de las empresas de su propiedad o vinculadas a miembros del partido. Nos referimos a estas empresas como «sector público», de modo que el tamaño del sector público de la economía está dado por eD. Nótese que $S(\bullet)$ representa el rendimiento medio que el gobierno obtiene de los recursos que invierte en el sector público.

La banca privada invierte los depósitos libres de encaje legal, es decir $(1-eD)$ pesos, en empresas a las que nos referiremos como «sector privado», de modo que el tamaño del sector privado está dado por $(1-e)D$. La inversión de la banca en el sector privado tiene un rendimiento de $1+P$ por cada peso invertido. Las empresas privadas repagan a la banca $1+R$ pesos por cada peso invertido, donde R representa la tasa de interés activa. Naturalmente, asumimos que la tasa de interés activa es mayor que la pasiva y menor que el rendimiento neto

88 Incluimos en el encaje legal no sólo el encaje propiamente dicho, sino también la fracción de los préstamos otorgados por la banca y que son dirigidos por indicación del gobierno, por ejemplo, a través de los llamados cajones crediticios, a empresas elegidas por este último.

de la inversión, es decir $P>R>i$. Como en el caso de la tasa de interés pasiva, asumimos que la tasa de interés activa está dada por el costo de las alternativas de financiamiento disponibles para los empresarios privados, como endeudamiento en el exterior o retención de beneficios.

Mediante el sistema de impuestos, el gobierno se apropia de una fracción t de los beneficios de la banca y de los empresarios privados, de manera que los beneficios de la banca privada después de impuestos están dados por $(1-t)(R-i)(1-e)D$, y los

beneficios de la banca más los de otros agentes del sector privado después de impuestos están dados por $(1-t)(P-i)(1-e)D$. El gobierno valora estos beneficios en $g\times(1-t)(P-i)(1-e)D$, donde g representa la fracción del ingreso producido por el sector privado que es ganado en el mercado por los intereses representados por el partido de gobierno. Asumimos $0<g<1$, es decir, el gobierno tiene un interés comprehensivo pero no consensual en la economía.

Vamos a tomar t como dado, indicando una capacidad limitada del gobierno para cobrar impuestos. El problema del gobierno, entonces, se reduce a elegir la tasa de encaje legal o fracción del crédito administrada por el gobierno e^* que maximice sus rentas, es decir:

$$e^* = \underset{e\in[0,1]}{arg\ max}\left((S(eD)-i)\times eD+\gamma(P-i)(1-e)D\right),$$

Donde $\gamma = t+(1-t)g$ representa la fracción de los ingresos generados por el sector privado que son recibidos a través del mercado o del sistema impositivo, por los intereses representados en el gobierno.

Si se asume que $S'(eD)eD+S(eD)$ es estrictamente decreciente en e (es decir, que las rentas marginales de las empresas gubernamentales declinan con el tamaño del sector público) y que $S(0)-i>\gamma(P-i)>S'(D)D+S(D)-i$ (para evitar soluciones de esquina), tenemos que el encaje óptimo desde el punto de vista del gobierno[89] está dado de manera implícita por la solución a la condición de primer orden

1) $S'(e^{*}D)e^{*}D+S(e^{*}D)-i=\gamma(P-i)$.

Intuitivamente, la expresión en la mano izquierda representa el incremento de la renta del gobierno a consecuencia de un aumento marginal del tamaño del sector público, y la expresión en la mano derecha, el incremento de la renta del gobierno a consecuencia de un aumento marginal del tamaño del sector privado.

Como la expresión en la mano izquierda de la ecuación (1) es decreciente en e, el encaje legal óptimo e^{*} y, por tanto, el tamaño del sector público son decrecientes en los recursos que el gobierno apropia en el sector privado γ. El encaje legal óptimo es también decreciente en el volumen de depósitos en la banca D, pero el tamaño del sector público $e^{*}D$ es neutral a movimientos en el volumen de depósitos en la banca. Es decir, una reducción en el volumen de depósitos no tiene efectos en el sector público pero resulta en una contracción del crédito al sector privado. Finalmente, el encaje legal ópti-

89 Nótese que óptimo, desde el punto de vista del gobierno, no significa eficiente (u óptimo desde el punto de vista de la sociedad), punto sobre el que volveremos más adelante.

mo y el tamaño del sector público son decrecientes en la tasa de interés pasiva i.

La figura 1 ilustra la elección de encaje legal y el tamaño del sector público en un régimen no democrático con banca privada. El gobierno iguala la renta marginal que obtiene del sector público $(S'(eD)eD+S(eD)-i)$ con la renta marginal que obtiene del sector privado $(\gamma(P-i))$, lo que resulta en el tamaño del sector público $e^{*}D$. La maximización del bienestar social, por el contrario, requeriría igualar la renta marginal del sector público con la renta marginal total del sector privado $(P-i)$, lo que resultaría en el tamaño del sector público $e^{\circ}D$. Así, el sector público es ineficientemente grande. La pérdida de eficiencia está dada por el «triángulo» punteado por debajo de la curva $S'(eD)eD+S(eD)-i)$ entre la línea $P-i$ y la línea $\gamma(P-i)$. Nótese que la ineficiencia se reduce si aumenta la capacidad del gobierno para apropiarse rentas producidas por el sector privado. Un gobierno con una capacidad ilimitada de cobrar impuestos elegiría un tamaño eficiente del sector público. (Esto, por supuesto, no haría más felices a los ciudadanos, con excepción de los vinculados al partido de gobierno).

Podemos comparar lo que ocurre bajo un régimen autoritario con lo que ocurriría en un régimen democrático. Bajo un régimen democrático, el tamaño del sector público tampoco es necesariamente eficiente: la fuente de la ineficiencia es el intento de redistribución hacia los votantes decisivos. Sin embargo, podemos esperar que la fuerza de la competencia electoral conduzca a un régimen democrático a beneficiar a sectores más amplios de la población que aquéllos a los que beneficia un régimen autoritario. En consecuencia, la composición del sector público será diferente en un régimen democrático en el cual, merced a la fiscalización de los medios de comunicación y la competencia política efectiva, el sector público estará por lo general menos orientado a favorecer intereses particulares.

FIGURA 1

SECTOR PÚBLICO Y ENCAJE LEGAL

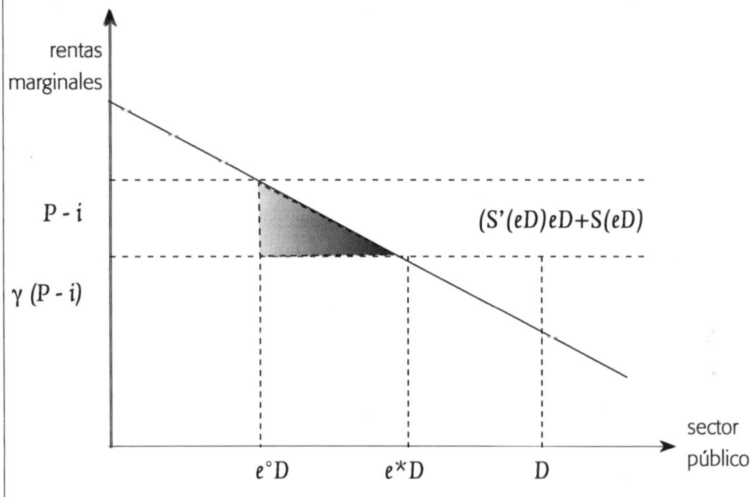

El modelo, aunque sencillo, recoge la utilidad de la banca privada para un gobierno autoritario: la banca privada es mejor que el gobierno en cuanto a la colocación del crédito.[90]

90 Rafael La Porta, Florencio López de Silanes y Andrei Shleifer, «Government Ownership of Banks», *Journal of Finance*, vol. 57, 2002, proveen alguna evidencia internacional acerca de la ineficiencia relativa de la banca estatal respecto de la privada.

Si el gobierno administra todo el crédito (equivalente a fijar un tamaño del sector público igual a D), sus propias rentas son menores.[91] El gobierno autoritario permite que la banca esté en manos privadas porque la actividad de ésta redunda en una mayor recaudación para el propio gobierno o los intereses que representa. Con base en esta conveniencia de la existencia de una banca privada para el régimen, podía darse la negociación con los banqueros sobre detalles de política que hemos analizado al tratar el pacto corporativo en el capítulo anterior.

Esta relación de posible tolerancia del gobierno a una banca privada puede dañarse, sin embargo, en el contexto de situaciones difíciles en el mercado cambiario, las que analizaremos más adelante, al extender el modelo presentado en esta sección.

LA AMENAZA DE EXPROPIACIÓN Y LA CREDIBILIDAD DEL GOBIERNO

Consideremos ahora un modelo con dos periodos. En el primero, la situación es idéntica a la descrita en la sección anterior, excepto que los ahorradores pueden depositar sus ahorros en la banca o, alternativamente, adquirir dólares por razones especulativas, es decir, motivados por la creencia de

---

91 Un problema adicional del gobierno puede ser su falta de credibilidad para garantizar términos convenientes a los ahorristas, lo que puede redundar en una reducción de los depósitos. La banca privada puede no escapar a este problema, si existe un riesgo de expropiación y cambio repentino de las condiciones de los depósitos.

que con determinada probabilidad habrá una devaluación. Por supuesto, como ha sido reconocido en la literatura económica sobre crisis cambiarias, al menos desde la contribución de Obstfeld,[92] una devaluación bajo un régimen de tipo de cambio fijo (como el que regía en México en el pasado) puede tener características de profecía autocumplida. Es decir, la probabilidad misma de devaluación puede ser determinada de modo endógeno por las propias decisiones especulativas de los ahorristas.

Vamos a suponer, además, que la probabilidad de que los ahorradores perciban que la especulación es ventajosa en el primer periodo depende de que la banca «favorezca» o «desfavorezca» la fuga de capitales. Siguiendo a Corsetti *et al.*,[93] podemos imaginar que las acciones de la banca privada pueden tener un impacto significativo (aunque no necesariamente decisivo) en la conducta del mercado. Vamos a definir *f* como la ganancia por peso dedicado a la especulación en caso de un ataque especulativo exitoso (igual al incremento proporcional en el tipo de cambio si ocurre una devaluación), y a F como la suma total de recursos (medidos en pesos) que se destina a la especulación en ese caso. Podemos pensar en F como «fuga de capitales». Vamos a suponer también que una fracción *b* de los ahorros procede de los propios accionistas de la banca privada, y que $fb > (1-t)(R-i)(1-e^{*})$, de manera que la banca tiene potencialmente un incentivo para promover la

92 Maurice Obstfeld, «Models of Currency Crises with Self-fulfilling Features», *European Economic Review*, vol. 40, números 3-5, abril de 1996, pp. 1037-1047.

93 Corsetti *et al.*, «Does One Soros Make a Difference?...».

fuga de capitales, pues puede obtener mayores beneficios. Esto es porque, en caso de un ataque especulativo exitoso, los accionistas reciben fhF como ganancias cambiarias, pero dejan de recibir $(1-t)(R-i)(1-e^*)F$ por la reducción en los depósitos en la banca.

Nótese que la fuga de capitales es desfavorable para el gobierno por dos razones. En primer lugar, reduce los depósitos bancarios y, por tanto, la capacidad del gobierno de apropiación de rentas a partir del sector privado de la economía vía encaje legal y vía impuestos. En segundo, lo que no modelamos de manera explícita, las ganancias cambiarias de los ahorradores en caso de un ataque especulativo exitoso son básicamente redistributivas y afectan en particular al sector público, dependiendo de la obstinación en la defensa del peso. De esta manera, la fuga de capitales crea un conflicto potencial entre la banca y los ahorradores, por un lado, y el gobierno, por el otro.

En el segundo periodo, la situación es en todo sentido idéntica a la descrita en la sección anterior. Como la posibilidad de una crisis cambiaria se desvanece (por ejemplo, por una esperada recuperación de los precios del petróleo o una exitosa estabilización macroeconómica), el conflicto potencial entre banca privada y gobierno desaparece en el segundo periodo. Entre el primer periodo y el segundo, el gobierno tiene la posibilidad de estatizar la banca. Dicha medida no es conveniente *ex post* para el gobierno, pues la banca privada hace un mejor trabajo que él en cuanto a la asignación del crédito. En términos de la figura 1, la pérdida de rentas para el gobierno en el segundo periodo —en caso de estatizar la banca— puede medirse por un triángulo a la derecha de la línea vertical en D, por debajo de la recta horizontal $\gamma(R-i)$ y por encima de la curva $S'(eD)eD+S(eD)-i$. No obstante, amenazar a la banca con la estatización puede ser conveniente para el gobierno *ex ante*, si esto le permite «disciplinar» a la banca y evitar que ésta «favorezca» la fuga de capitales. En este sentido, el gobierno autoritario tiene un problema de credibilidad ocasionado por su propia discrecionalidad en las decisiones de política. La banca privada entiende que, de comportarse de manera estrictamente racional, el gobierno no tendrá incentivos para estatizar la banca, aun si sospecha que la banca promovió la fuga de capitales.[94]

La figura 2 ilustra el problema de credibilidad del gobierno autoritario. La banca privada tiene dos posibles acciones al inicio del primer periodo: promover o no promover la fuga de capitales (las acciones de los agentes se indican en cursivas en la figura). Que haya o no fuga de capitales es aleatorio desde el punto de vista de los agentes, lo que representamos mediante una acción de los mercados. En particular, la probabilidad de que haya fuga es p si la banca la facilita y q^* en caso contrario, donde $p>p'$.

94 Existe una abundante literatura que analiza los problemas de los gobiernos autoritarios para hacer promesas creíbles, un tema expuesto por North, *Institutions, Institucional Change...*, y Olson, «Dictatorship, Democracy and Development», entre otros. Hay aquí un elemento novedoso, sin embargo: la literatura enfatiza la inhabilidad del gobierno autoritario para comprometerse a no expropiar, en tanto que en el caso que analizamos el gobierno tiene dificultades para comprometerse de manera creíble a expropiar. La capacidad para hacer amenazas creíbles es esencial para la extracción de rentas del sector privado, de modo que lo que está en juego (como entendieron los personajes políticos en el episodio de 1982) es precisamente la esencia del régimen, el principio de autoridad.

FIGURA 2

AMENAZA DE EXPROPIACIÓN Y PROBLEMA DE CREDIBILIDAD DEL GOBIERNO

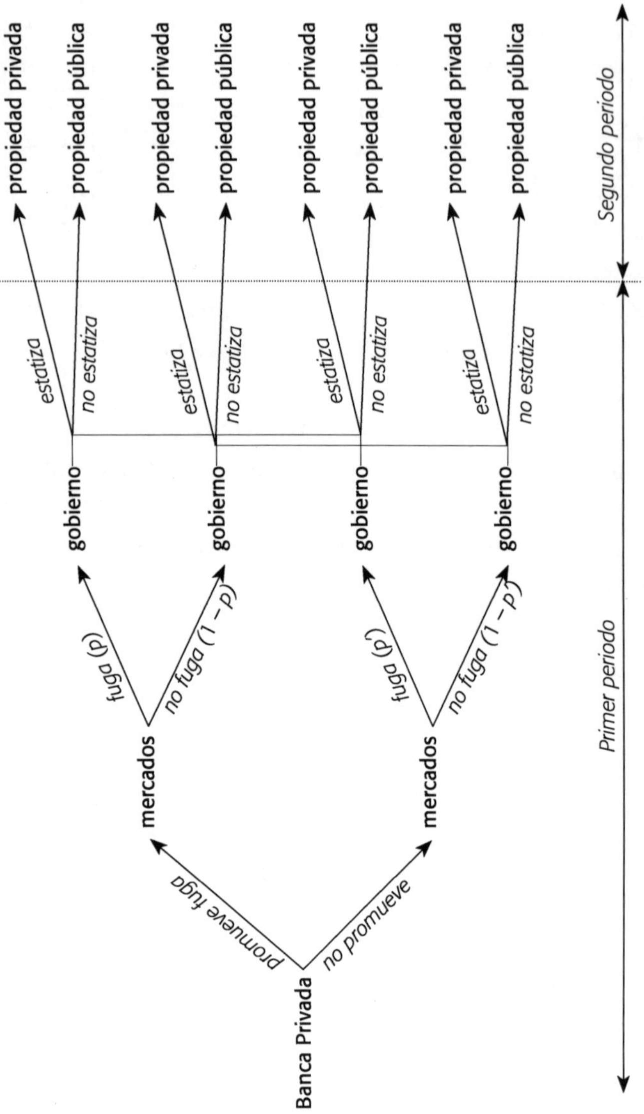

El gobierno puede observar si hay fuga o no, pero no puede reconocer si la banca privada la ha promovido o no. Siguiendo la convención en teoría de juegos, unimos con un conector punteado las dos situaciones en las que el gobierno se puede encontrar cuando observa fuga de capitales, para indicar que ambas situaciones se encuentran en el mismo nodo informativo. Del mismo modo, unimos con otro conector punteado las dos posibles situaciones en las que el gobierno se puede encontrar cuando **no** observa fuga de capitales.

El gobierno puede condicionar sus acciones a que haya o no haya fuga de capitales (es decir, puede condicionarlas al nodo informativo en que se encuentre), pero no a que haya habido o no promoción de la fuga, lo que no es observable para él. El gobierno tiene dos posibles acciones al final del primer periodo: estatizar la banca o no estatizarla. En el caso de hacerlo, la banca estará en el segundo periodo bajo un régimen de propiedad pública (equivalente a fijar un encaje igual a 1 en la figura 1); en caso contrario, la banca estará bajo un régimen de propiedad privada.

Para desalentar la fuga de capitales, el gobierno no necesita comprometerse a estatizar la banca con probabilidad 1 si observa fuga de capitales; le basta con comprometerse a estatizar la banca con una probabilidad suficientemente alta como para que no sea atractivo para la banca privada el promover la fuga. En términos formales, si q es la probabilidad con la que el gobierno estatiza la banca al observar fuga de capitales, la pérdida esperada de beneficios en el segundo periodo para la banca privada si ésta promueve la fuga de capitales es

$$(p-p')q(1-t)(R-i)(1-e^{*})D.$$

Es decir, el incremento en la probabilidad de fuga, multiplicado por la probabilidad de expropiación, multiplicado por los beneficios en el segundo periodo si la banca sigue bajo un régimen de propiedad privada (por simplicidad, ignoramos la posibilidad de que los agentes descuenten el futuro). De otro lado, la ganancia en el primer periodo de promover la fuga de capitales es

$$(p-p')(fb-(1-t)(R-i)(1-e^{*})F,$$

Es decir, el incremento en la probabilidad de fuga, multiplicado por la ganancia adicional por unidad de ahorros (medidos en pesos), multiplicado por los ahorros que se fugan al exterior.

De la comparación entre ganancias y pérdidas esperadas de la banca se sigue que, para desalentar la promoción de la especulación, al gobierno le basta con comprometerse a expropiar con probabilidad

$$(2) \qquad q^{*} = \frac{fb}{(1-t)(R-i)(1-e^{*})} - 1\frac{F}{D} \cdot$$

Esta probabilidad es mayor cuanto mayor sea la fracción de los ahorros que puede destinarse a la especulación cambiaria, cuanto mayor sea la sobrevaluación del tipo de cambio (que determina las ganancias de un ataque especulativo para los ahorradores), cuanto mayor sea el encaje legal[95] y cuanto

95 Los valores del encaje legal y de la probabilidad de expropiación dados por las ecuaciones (1) y (2) son correctos en caso de una solución de esquina en la que al gobierno no le compensa reducir el encaje legal, para dar así menos incentivos a la fuga de capitales y reducir la proba-

mayor sea la participación en los ahorros de los propios accionistas de la banca privada.

El gobierno tiene, sin embargo, un problema serio de credibilidad si, como se describe en la figura 2, decide estatizar o no **después** de que ha habido un ataque especulativo. Esto es porque el gobierno también pierde en el segundo periodo con la estatización de la banca, dada la menor habilidad de la banca estatizada para colocar el crédito.

¿Cómo puede comprometerse el gobierno a estatizar con cierta probabilidad? Creemos que en el caso del Estado mexicano desempeñaron el papel de mecanismos de compromiso la presencia de cuadros técnicos «izquierdistas», la promoción de ideologías proclives a la estatización, e incluso la concentración del poder en el Ejecutivo, que hacía que las decisiones políticas estuviesen hasta cierto punto sujetas a consideraciones emocionales.[96] Estas últimas, no obstante, podían ser anticipadas por los propios agentes sujetos a ellas. En la economía conductista contemporánea (por ejemplo, Bernheim y Rangel) se suele distinguir entre un modo de conducta «en frío» (*a cool self*) y un modo de conducta «en caliente» (*a hot mode*).[97] Tomando prestados los términos con-

bilidad de expropiación.

96 Podemos recordar aquí el análisis de Douglas C. North, *Structure and Change in Economic History*, Nueva York/Londres, W. W. Norton & Company, 1983, sobre la utilidad de la ideología, y el de Jack Hirshleifer, «On the Emotions as Guarantors of Threats and Promises», en J. Dupre (comp.), *The Latest on the Best: Essays on Evolution and Optimality*, Cambridge Mass., MIT Press, 1987, sobre el rol de las emociones como garantía del cumplimiento de los contratos.

97 B. Douglas Bernheim y Antonio Rangel, «Addiction and Cue-Triggered Decision Process», *American Economic Review*, vol. 94, 2004.

ductistas, podríamos decir que la decisión de expropiar se tomó en caliente, pero que la decisión de incluir en la administración a personas que esperaban un momento propicio para expropiar se tomó en frío.

La figura 3 ilustra el problema de decisión del gobierno cuando puede comprometerse a expropiar con cierta probabilidad en caso de un episodio especulativo. Nótese que la banca privada no observa si el gobierno expropiará o no en caso de haber un episodio especulativo. En estas circunstancias, para evitar que la banca promueva la especulación, al gobierno le basta con comprometerse a expropiar con probabilidad q^*. Si la amenaza es efectiva, expropiar siempre será un error *ex post*, aunque sea parte de una estrategia óptima *ex ante*, dado que puede haber un ataque especulativo aun si la banca no favorece la especulación, por lo que al gobierno le conviene adoptar la probabilidad mínima de expropiación que le permite «disciplinar» a la banca.

Nótese en la figura 3 que la banca privada se encuentra en el mismo nodo informativo tanto si el gobierno ha tomado la acción de expropiar como si ha optado por no expropiar en caso de un ataque especulativo. Es decir, la banca privada no conoce con certidumbre cuál será la reacción del gobierno en caso de un ataque especulativo. Esta falta de transparencia es conveniente al gobierno e incluso para la banca, pues si ella pudiese predecir con certeza la reacción del gobierno, a éste no le quedaría más remedio que expropiar con probabilidad 1 en caso de un ataque especulativo, lo que es inconveniente, dado que la expropiación sería un error *ex post*.

FIGURA 3
LA AMENAZA DE LA EXPROPIACIÓN ES CREÍBLE

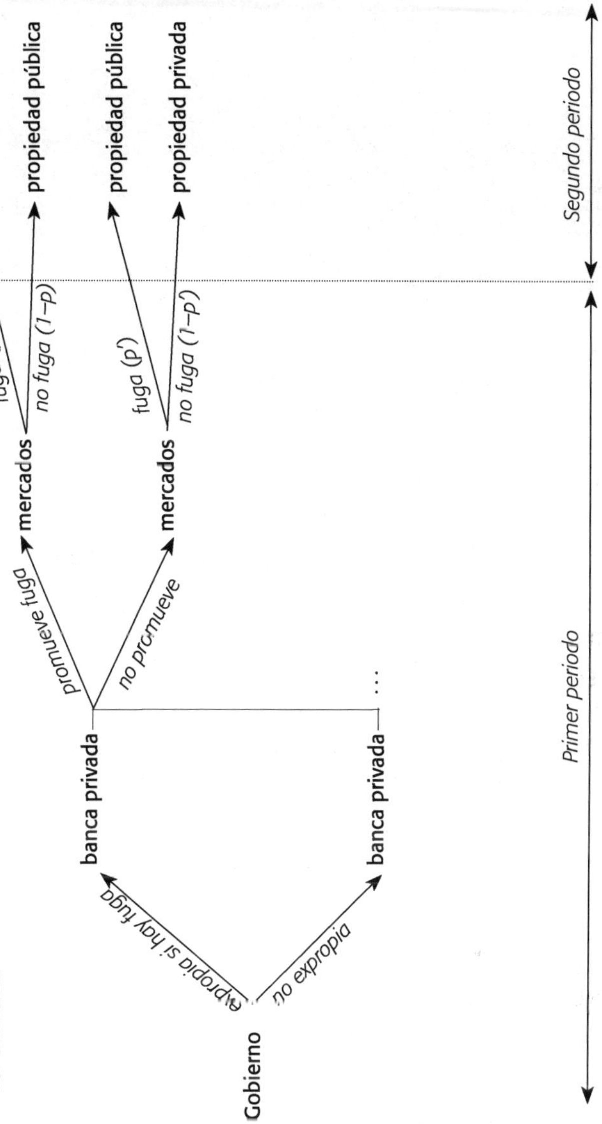

IV

LA EXPROPIACIÓN DE LA BANCA EN MÉXICO EN 1982

La nacionalización o expropiación o estatización de la banca mexicana es uno de los acontecimientos más importantes de la historia contemporánea de México y ha sido objeto de numerosos estudios.[98] No obstante, pocos de ellos son de naturaleza analítica. Lo impreciso de sus causas y la profundidad de sus consecuencias han hecho difícil derivar conclusiones definitivas. El entorno en el que se llevó a cabo —en el estallido de una profunda crisis—, sus consecuencias y su aura espectacular le otorgan un papel único en la memoria histórica.

Este capítulo tiene varios propósitos. El primero es explicar cómo el riesgo de expropiación fue incrementándose a partir del sexenio de Luis Echeverría, por una confrontación coyuntural entre el Estado y los banqueros y por un elemento ideológico, es decir, cómo se concebía el papel de la banca en

98 Véase Anexo II, «Algunos estudios sobre nacionalización, expropiación o estatización de la banca Mexicana».

la economía. El segundo es explicar cómo durante el sexenio de López Portillo, a pesar de que hubo una reconciliación con el sector privado, el riesgo de expropiación no se redujo, lo que llevó a que, en un conjunto de eventos, se cristalizara la medida.

No entraremos en un recuento oficioso de los acontecimientos. De todos ellos sólo haremos hincapié en torno a los que consideramos dos activadores de la medida: uno es la fuga de capitales y el colapso cambiario; el otro es la percepción del presidente y su grupo de lo que ocurría. Nuestro propósito es explicar el conjunto de circunstancias que activaron la expropiación como una medida que estaba en el mazo de cartas del Estado autoritario e ilustrar que esta medida no fue simplemente, como han señalado otros autores y comentaristas, la acción unilateral y solitaria de un presidente que se sentía acorralado y era aconsejado por ideólogos.

EL PRINCIPIO DEL FIN: ECHEVERRÍA Y LA RUPTURA ESTADO-\ EMPRESARIADO

Al iniciar su sexenio, Luis Echeverría enfrentó una crisis política y una desaceleración económica. La crisis política era resultado de un desgaste y una pérdida de legitimidad del pacto corporativo en todas sus ramificaciones. La desaceleración económica obedecía, en parte, a choques del entorno internacional, pero puso en evidencia las debilidades económicas del país derivadas del periodo anterior, el llamado «desarrollo estabilizador». Algunas de estas debilidades eran baja fiscalidad, crisis en el sector agropecuario y disparidad en el ingreso. El nuevo presidente, que era grandilocuente y de un ánimo voluntarista, decidió tomar medidas inmediatas para generar crecimiento, en lo que llamaría Daniel Cosío Villegas «un estilo personal de gobernar».[99] Su frase de «la economía se maneja desde los Pinos» es reveladora de un estilo que rompía con una regla del pacto corporativo, según la cual el presidente delegaba al secretario de Hacienda y al titular del banco central la operación de la política económica. Además, el presidente «daría a los banqueros picaporte a los Pinos», esto es, acordaría con ellos directamente y no a través de las autoridades financieras, lo cual acababa con la prudente distancia que se había dado hasta entonces.[100]

El rompimiento de ese acuerdo tácito contribuyó a la renuncia del secretario de Hacienda, Hugo B. Margáin, en 1972, y a discrepancias con el titular del Banco de México, Ernesto Fernández Hurtado, a quien no se le aceptó la renuncia por lo que, pese a sus reiteradas diferencias con el presidente y su equipo, logró permanecer en su puesto a lo largo del sexenio.[101] Posteriormente, los trabajos conjuntos del llamado

99 Título del libro de Cosío Villegas, *El estilo personal de gobernar*, que, de acuerdo con las memorias del autor (Daniel Cosío Villegas, *Memorias*, México, Joaquín Mortiz, 1976), fue visto con cierto desconcierto porque al presidente se le «consideraba intocable».

100 Entrevista con Ernesto Fernández Hurtado.

101 De acuerdo con el propio Fernández Hurtado, en una segunda ocasión, un año antes de que terminara el sexenio, el presidente pidió al secretario de Hacienda, López Portillo, que lo destituyera por sus declaraciones ante el sector privado, pero, a pesar de sus discrepancias con el Banco de México, López Portillo pidió al presidente no hacerlo, probablemente porque ya sabía que sería el sucesor presidencial y una

«grupo Hacienda-Banco de México» para definir la política económica se fueron disolviendo, ya que el nuevo secretario de Hacienda, José López Portillo, consideraba que la política de restricción monetaria del banco central frenaba el crecimiento económico.[102]

La política económica de Echeverría incrementó la presencia del Estado en la economía bajo la rúbrica del «desarrollo compartido».[103] Ello obedecía a la necesidad de buscar una reactivación económica, así como una solución a los problemas estructurales. Pero también estaba influenciada por los miembros del gabinete y asesores técnicos que consideraban que una política económica de corte neo-keynesiano, como se le ha llamado, era necesaria para corregir problemas estructurales de la economía.[104]

Entre ellos estaba Horacio Flores de la Peña, quien adquirió mucha influencia en ese sexenio y cuya postura estaba definida explícitamente: se identificaba con las teorías económicas neo-keynesiana y estructuralista. Mas, como se insiste a lo largo del texto, no es posible enmarcar en una sola línea de pensamiento a los cuadros de gobierno que en los sexe-

---

destitución del titular del banco central no le resultaba favorable. Entrevistas con Ernesto Fernández Hurtado y Carlos Bazdresch.

102 Entrevista con Ernesto Fernández Hurtado.

103 Respecto a la política económica del sexenio, véanse Bazdresch y Levy, «El populismo y la política económica...»; y Solís, *Economic Policy Reform in Mexico...*, entre otros; y para una defensa de esa política económica, véase Carlos Tello, *La política económica de México. 1970-1976*, México, Siglo XXI Editores, 1979.

104 Para un análisis de los enfoques económicos, véase Sarah Babb, *Proyecto: México. Los economistas del nacionalismo al neoliberalismo*, México, FCE, 2003.

nios de Echeverría y López Portillo influyeron en la política de mayor participación del Estado y después en la expropiación bancaria.

Asimismo, el presidente se hizo rodear de jóvenes economistas talentosos que lo asesoraban en esta política. Algunos de ellos habían estudiado en Cambridge y en la CEPAL, entre quienes destacaba Francisco Xavier Alejo. También empezaron a ocupar altos cargos en el gobierno los que estarían relacionados con la expropiación bancaria, como José Andrés de Oteyza y Carlos Tello. El propio Miguel de la Madrid describe de manera severa, en sus memorias, su postura al respecto, la cual es ilustrativa:

> [P]ienso ahora que hubo un quebramiento en la clase dirigente, que posiblemente ocurrió por razones generacionales. El hecho es que todo se llegó a cuestionar; por ejemplo, se puso en tela de juicio al desarrollo estabilizador. ... Este cuestionamiento lo hicieron, durante el gobierno de Luis Echeverría, políticos como Horacio Flores de la Peña, quien utilizó a nuevas generaciones que se dedicaron a resaltar los rasgos efectivamente equivocados, las obsolescencias, los rezagos que caracterizan al gobierno. Lo grave fue que lanzaron un movimiento con una concepción económica muy endeble...[105]

Por otra parte, el conflicto con el sector empresarial fue una espiral de adversidades para el gobierno. Ante la pobre capacidad de recaudar recursos fiscales, en 1972 el gobierno de Echeverría llevó a cabo un intento de reforma tributaria. Se buscaba eliminar el anonimato de la riqueza y aumentar la

105 De la Madrid, *Cambio de rumbo. Testimonio de una presidencia...*, p. 35.

carga fiscal. Todas las organizaciones empresariales se opusieron y lograron abortar las propuestas, que ni siquiera llegaron al Congreso.[106] No era la primera vez que esto ocurría; ya habían bloqueado una reforma fiscal en 1964. Elizondo señala que ese conflicto obligó al gobierno a tomar medidas para mostrar —principalmente ante los sectores corporativos populares— que no se encontraba capturado por el sector empresarial.[107] Además de las acciones, hubo una retórica considerada de izquierda, la cual sólo unió más a los empresarios, cuya desconfianza aumentó.

Por si fuera poco, el país experimentaba un crecimiento de grupos guerrilleros de operación violenta. En un intento de secuestro realizado por uno de esos grupos perdió la vida Eugenio Garza Sada, uno de los empresarios más poderosos del país. Éste fue el caso más sonado, el cual conmocionó y unió a la comunidad empresarial, sobre todo a la regiomontana, y generó hostilidad contra todo lo que sonara «de izquierda».

Hubo otros atentados contra empresarios menores, empleados de empresas privadas, e instalaciones de empresas y de oficinas bancarias, así como un fallido secuestro, que terminó en el asesinato del hijo del ex secretario de Hacienda Hugo Margáin, a pesar de que los objetivos principales de la guerrilla eran más bien puestos militares y oficinas del sector público. Frente a esta situación, la llamada «guerra sucia» fue la respuesta del gobierno, pero los empresarios pensaban

---

106 Una excelente descripción y análisis de los hechos está en el ensayo de Solís, *Economic Policy Reform in Mexico...*

107 Elizondo, *La importancia de las reglas...*, capítulo v.

que éste toleraba la ideología detrás de los movimientos.

La desavenencia con el sector empresarial era complicada: en su momento, el intento de Echeverría de hacer una reforma fiscal fue bloqueado por los empresarios, mientras que la política de expansión del gasto fue vista con beneplácito por varios grupos del sector privado.[108] Pero al mismo tiempo que eran favorecidos algunos, el conjunto del sector privado reprobaba la empatía del presidente con las causas socialistas y su retórica sobre los países no-alineados, la cual fue intensificándose a lo largo del sexenio. A su vez, el gobierno, para no perder su legitimidad, apoyó las causas agraristas y, bajo las demandas del movimiento obrero, aplicó controles de precios, entre otras medidas, a las que se sumaban los ya referidos ejemplos de la frecuente intervención gubernamental sobre los derechos de propiedad.

Uno de ellos fue la producción de fertilizantes: México era productor y exportador de azufre, pero para darle un valor

108 Rosario Green, *El endeudamiento público externo de México, 1940-1973*, México, El Colegio de México, 1976, p. 53; Elizondo, *La importancia de las reglas...*; y Américo Saldívar, *Ideología y política del Estado mexicano, 1970-1976*, México, Siglo xxi, 1980, entre otros. En particular, los autores se refieren a quienes durante el régimen fueron llamados «empresarios nacionalistas», favorecidos con concesiones, favores y corrupción. Se decía que hubo grandes capitales que se formaron instantáneamente. Elizondo, *op. cit.*, y otros autores consideran que entre esos empresarios favorecidos estuvieron los grandes banqueros, ya que la consolidación de la banca múltiple fue principalmente favorable a los bancos grandes. Sin embargo, esta aseveración es incorrecta, ya que no se trató de una «graciosa concesión» del Ejecutivo, sino el resultado de una reforma de corte funcional que venía de años atrás.

agregado empezó a transformarlo en fertilizante utilizando roca fosfórica, que no abundaba en el país sino que se importaba de Marruecos. Esto lo hizo la empresa Fertilizantes Fosfatados de México, una asociación con inversionistas holandeses financiada por Banamex. El gobierno de Echeverría puso precios tope a los fertilizantes y negó los permisos de importación de roca fosfórica al grupo propietario, obligándolos a vender la empresa al gobierno.[109]

Al final del sexenio, en 1976, la devaluación fue acompañada por fuertes fugas de capitales. Era la primera devaluación en más de 20 años de estabilidad del peso, por lo que dejó una huella dramática. El propio Echeverría lo narra como uno de los dos momentos más difíciles de su presidencia:

> [un] momento muy grave fue cuando las autoridades hacendarias me notificaron que había habido una gran fuga de capitales, que poseedores de grandes fuentes bancarias en dólares apresuraban su envío hacia los Estados Unidos; que muchas compañías, sobre todo trasnacionales, que tenían cuentas en dólares, las llevaban a Estados Unidos y que se hacía inminente la necesidad de una devaluación. No sabía si era respuesta a una política nacionalista... que ha encontrado una oposición mayor cada día en los Estados Unidos y que tiene como reacción todo tipo de presiones, entre ellos esta multiforme y anónima, que es la económica y que se manifiesta por el traslado de capitales de empresas extranjeras y de quienes siendo mexicanos los poseen, sin dedicarlos a una tarea del trabajo y a la independencia económica del país.[110]

---

109 Entrevista con Agustín Legorreta.

110 Entrevista hecha por Luis Suárez en 1983, en Luis Suárez, *Echeverría en*

Pero el gobierno, incluido el presidente, al igual que muchos observadores, tenía claro que si bien esta devaluación tuvo sus orígenes en la política de expansión del gasto público del régimen, era un hecho que parte de esa política macroeconómica tenía orígenes en la falta de recursos fiscales. Cuando llegó la devaluación, la culpa de la crisis fue atribuida a empresarios y latifundistas, señalados como «irresponsables, egoístas y poco cooperativos».[111] Echeverría no se fue sin cargarles una parte de la factura, con la expropiación en Sonora de tierras de grandes agricultores.[112]

Se había producido una ruptura que hacía inestable la relación entre el gobierno y el sector privado. Enmendarla no sería fácil, abrirla más no sería difícil. Varios empresarios veían con severidad las acciones del gobierno; entre ellos, el banquero Manuel Espinosa Yglesias, quien se había convertido en un crítico abierto, y que, en su carta a los accionistas de 1976, en el informe anual de Bancomer, expresaba con cierto

el sexenio de López Portillo: El caso de un expresidente ante el sucesor, México, Editorial Grijalbo, 1983.

111 Green, *El endeudamiento público externo…*, p. 53.

112 El ex presidente De la Madrid narra en sus memorias esos últimos días del sexenio:

> la gente se horrorizaría de cómo puede llegar a manejarse el gobierno. ... Estaba tan deteriorado el ánimo del Presidente, tan inestable, que uno verdaderamente sentía temor al escuchar a algún funcionario, como Fausto Zapata, decir que todos los problemas de México eran causados por los ricos, que él llevaba ahí, en la mano, la lista de los 40 hombres más importantes de México, que había que declararles la guerra, lo que quería decir era apresarlos esa noche. ... Echeverría dejó pasar la sugerencia. (De la Madrid, *op. cit.*, p. 35.)

reproche:

> [P]ara financiar [el] déficit—muy alto, ciertamente—, fue necesario acudir una vez más al apoyo del exterior; en 1976, el endeudamiento externo del sector público federal creció en más de 4 mil millones de dólares. El servicio de la deuda mordió el 30%; primera vez que ello ocurre en la economía mexicana. ... Dos cosas más, entre otras muchas, conviene recordar en este breve y rápido recuento: la aceleración de la inflación —la tasa se situó entre un 16% y un 46%, según los precios que se consideren—, y el abandono de la paridad fija del peso mexicano. En 1976 terminaron más de 22 años de estabilidad cambiaria. El peso entró a un período de flotación...[113]

EL FIN DE UNA ÉPOCA: LÓPEZ PORTILLO Y LA EXPROPIACIÓN DE LA BANCA

¡Ah, no, amigo mío!
No se enoje más con sus temores sobre México...
México es la página gloriosa del reino...
¿De dónde diablos saca que el imperio está enfermo?
¿Acaso el empréstito de enero, de trescientos millones,
no se ha cubierto más de quince veces?
Émile Zola, L'argent.[114]

Un cronista del *Washington Post* escribía en su artículo de enero

113 Véase Del Ángel, BBVA-*Bancomer*, p. 141.
114 Émile Zola, *L'argent* [1891], Francia, Gallimard, 1980.

de 1977: «[A]unque López Portillo ha rendido homenaje a las políticas imprescindibles y radicales de Echeverría, la evidencia hasta ahora indica que su presidencia será tan diferente de la de su predecesor como su gusto por el inmobiliario».[115] El inicio del sexenio de José López Portillo fue marcado por un intento de establecer una clara división entre la forma en la que se harían las cosas, sobre todo en materia de política económica. Sin embargo, al concluir su administración, la historia parecía repetirse.

En los párrafos siguientes se explican los elementos relevantes para analizar la expropiación de la banca y que incrementaron el riesgo de expropiación durante el sexenio. Nos enfocamos en particular en el estallido de la crisis con las consecuentes fugas de capitales, la confrontación con la banca, la pugna ideológica en el gabinete y la percepción, tanto del presidente como de su grupo de asesores, de lo que ocurría. Se trata de los elementos fundamentales que condujeron a la expropiación, de acuerdo con algunos autores y con la evidencia que aquí presentamos.

A diferencia de otros autores, argumentamos que en los momentos finales no fue una medida llevada a cabo por un gobernante fuera de sus casillas. Por el contrario, si bien hubo algunos elementos «emocionales», fue una medida meditada y estudiada, en apego a lo que el presidente y su grupo de asesores en la materia percibían de su entorno y a lo que creían conveniente. A la luz de los testimonios, la medida, si bien no

115 Nota de John M. Goshko aparecida en el *Washington Post* y reproducida en *Excélsior* el 11 de enero de 1977. Suárez, *Echeverría en el sexenio de López Portillo*...

era inminente, se fue haciendo probable. Las reacciones de aprobación que generó, así como la gran movilización política de apoyo a nivel nacional, reforzaron en el presidente y su grupo la convicción de que se había hecho lo más adecuado. Además, ese apoyo legitimó políticamente la medida e impuso un alto costo político a su reversión en el corto plazo.

El sexenio de López Portillo y la crisis

De acuerdo con Meyer y Aguilar Camín, una «crisis de desconfianza» y la austeridad económica fueron los signos del cambio de administración en 1976.[116] El gobierno adoptó las recomendaciones del Fondo Monetario Internacional para reducir la inflación y ajustar la balanza de pagos; se impusieron topes a los aumentos salariales y límites a la capacidad de endeudamiento externo del país, y se iniciaron mecanismos de supervisión internacional para las finanzas públicas.[117]

Desde su discurso de toma de posesión, el nuevo presidente buscó una reconciliación con el sector empresarial. La rúbrica del inicio del sexenio era la Alianza para la Producción, la cual cubría varios aspectos para darle satisfacción prácticamente a todos (¿señal de un *encompassing interest*?). Por ejemplo, un aspecto que se consideró prioritario entonces era buscar la autosuficiencia alimentaria, involucrando a los productores agropecuarios, grandes y pequeños. Otro era que

---

116 Héctor Aguilar Camín y Lorenzo Meyer, *A la sombra de la Revolución mexicana*, México, Cal y Arena, 1989.

117 Aguilar Camín y Meyer, *op. cit.*; y Cárdenas, *La política económica en México...*

los empresarios siguieran recibiendo subsidios estatales.[118] Como la reconciliación abarcó varios sectores, no sólo al capital, se crearon mecanismos para compensar a los sindicatos y organizaciones campesinas. Una actitud conciliatoria e incluyente, similar en espíritu a la de Manuel Ávila Camacho 36 años atrás, era la bandera del presidente. Ello, aunado a una capacidad para negociar con grupos, le fue dando una amplia aceptación. Además, llevó a cabo una reforma política sin precedentes. Admirado y respetado, el presidente era considerado como un reformador del país, percepción que era alimentada por su entorno de colaboradores. Al respecto, López Portillo narra en sus memorias:

El principio de filosofía política que regirá nuestra responsabilidad: entender que la realidad es un cambio constante y está hecha de contradicciones, que se pueden resolver por destrucción o aniquilamiento de los opuestos o por integración y equilibrios dinámicos. ... Se apoyaba en el supuesto de que debe haber coincidencia entre el interés general, el particular y el social, y que el Estado es capaz de resolver las contradicciones que pudieran surgir.[119]

A partir de 1978, con el auge petrolero, las cosas empezaron a cambiar, al desatarse lo que se ha llamado una «exuberancia presidencial»[120]. El mandatario hablaría entonces de «administrar la abundancia». Pero esa abundancia de recursos provenientes de los ingresos petroleros resultó en una expan-

118 Bazdresch y Levy, «El populismo y la política económica...»; y V. Brachet, *El pacto de dominación*, México, El Colegio de México, 1996.

119 López Portillo, *Mis tiempos. Biografía y testimonio político*, pp. 485-486.

120 Brachet, *El pacto de dominación*.

sión irresponsable del gasto y en un sobreendeudamiento.

Dentro del gobierno, las perspectivas respecto de la política económica y la inestabilidad macroeconómica que vendría después eran encontradas. Las reuniones del gabinete económico serían escenario de los debates de la tan mencionada en este y otros textos «disputa por la nación», en buena medida a causa del interés del presidente de mantener puntos discrepantes para favorecer finalmente a aquél que, según su criterio, fuera más convincente. No obstante, estos choques se dieron desde la primera semana de iniciado el sexenio. El 8 de diciembre de 1976, López Portillo escribía en sus notas personales:

> [H]oy hubo reunión de Gabinete Económico para separar campos y competencias. Los manejé bien y ellos procedieron con honestidad intelectual; aunque apunta claramente el celo de la lucha entre los monetaristas (Hacienda) y estructuralistas (Tello, Oteyza). Los tengo que mantener para que se me abran las opciones.[121]

La confrontación prosiguió en los días posteriores:

> [A]yer despaché tres asuntos importantes: el proyecto de presupuesto para 1977, montado no sólo entre dos administraciones, sino entre dos organizaciones. Ello con todas las limitaciones de la crisis y del convenio con el Fondo Monetario Internacional, que me limita severamente el déficit a una suma alzada (900,000 millones). Yo peleo proporción del PIB. Con sus limitaciones, el presupuesto empieza a expresar las prioridades: alimentos y energéticos y la modalidad

121 López Portillo, *Mis tiempos. Biografía y testimonio político*, p. 492.

programática. Asistentes: quienes integran mi Gabinete Económico, Tello, Oteyza, Solana, Moctezuma, Ojeda, Reyes Heroles, Alegría, José Ramón, y otros subsecretarios. Ven al FMI como una mezcla de Scrooge y el mercader de Venecia.[122]

[E]l 22 de diciembre tuve la segunda reunión del Gabinete Económico. Fue interesante porque se plantearon con toda claridad y energía los dos extremos dentro del espectro de tolerancia con que escogí mi Gabinete: Oteyza y Tello, estructuralistas, y Moctezuma, Solana, Izquierdo, Romero Kolbeck y aun Ibarra, monetaristas (estos últimos por sus funciones). La función a veces crea la convicción. La cuestión se planteó en torno a la ratificación del convenio con el Fondo Monetario Internacional, firmado por Echeverría con motivo de la devaluación de septiembre. Para los primeros, la firma del convenio significa la subsistencia vergonzante del desarrollo estabilizador... que es el garantizado camino del fascismo. Para los otros, si no se firma, no tendremos apoyo ni para mantener el peso frente al dólar, ni para créditos, lo que daña la capacidad de pago e inversión. La discusión fue enconada... Tres horas que corto con mi decisión: Firmamos el convenio, pues no podemos prescindir de un apoyo tan importante para sortear la coyuntura.[123]

Esto ilustra el ambiente que se había formado en torno a la toma de decisiones de la política económica. El hecho de que durante el sexenio el presidente tuviera tres secretarios de Hacienda fue, en parte, resultado de esas tensiones.

En la jauja provocada por las exportaciones de petróleo, dos factores jugaron un papel importante en la forma en que

122 *Ibid.*, p. 499.
123 *Ibid.*, p. 504.

se dieron las cosas. Uno era la herencia de un corporativismo autoritario en declive y que salía de una crisis económica. Esos recursos serían utilizados a través de una estructura corporativa, con pocos pesos y contrapesos, y de una estructura clara de rendición de cuentas, para darle al Estado mexicano corporativo de la posrevolución lo que podría llamarse una terapia intensiva. Las propias memorias de López Portillo narran esas interacciones, con los grupos e intereses corporativos de la política mexicana, como una red de poderes y multiplicidad de problemas e intereses.

Otro factor importante era la percepción nacional e internacional del auge petrolero. Se pensaba, tanto dentro como fuera del país, que los precios del crudo seguirían subiendo. Esto fue de la mano con una crisis en las economías desarrolladas, incluida la de Estados Unidos, cuyo efecto en países como México fue subestimado. En cuanto al precio del petróleo, se subestimaron también los ajustes hechos por aquellas economías para solucionar la crisis.

La banca internacional fue una promotora de crédito bastante desprendida con el gobierno mexicano. Jesús Silva-Herzog Flores cuenta que en aquellos años los representantes de bancos internacionales prácticamente hacían cola fuera de la oficina del secretario de Hacienda para ofrecer préstamos al gobierno mexicano.[124]

A su vez, la disponibilidad de divisas generó desequilibrios —entre otros, la sobrevaluación del peso—, con graves consecuencias. Jesús Marcos, entonces funcionario de Banco de México, explica:

---

124 Entrevista con Jesús Silva-Herzog Flores.

> [L]a gran disponibilidad de divisas, tanto por las ventas de crudo como por el endeudamiento externo, permitió conservar estable al tipo de cambio mientras que persistía una marcada diferencia entre la inflación interna y la externa. Esto dio lugar a lo que se ha llamado como la «enfermedad holandesa»: una apreciación muy acentuada del tipo de cambio real, con sus consecuentes efectos sobre la actividad económica —contracción de las exportaciones no petroleras, creciente ritmo de las importaciones, intensificación de las presiones proteccionistas y la proliferación del contrabando de mercancías. La apreciación del tipo de cambio real generó tan grandes distorsiones, que inclusive propició la adquisición de todo tipo de activos externos (activos financieros, bienes raíces, etc.) y causó un incremento del endeudamiento externo del sector privado. Éste respondió al deseo de acceder a tasas de interés inferiores aunque con un latente riesgo cambiario, ya que en la mayoría de los casos los agentes acreditados no generaban ingresos en moneda extranjera.[125]

Como se aprecia en el cuadro 3, el déficit fue creciendo a partir de 1981, tanto en total como en proporción del PIB.[126]

---

125 Jesús Marcos Yacamán, «Reflexiones respecto al desarrollo de la intermediación bancaria y el efecto de la nacionalización en el sistema financiero», en Del Ángel, Bazdresch y Suárez Dávila (comps.), *Cuando el Estado se hizo banquero...*, p. 192.

126 Un análisis interesante al respecto se encuentra en Mauricio González, «El contexto macroeconómico de la nacionalización de la banca», en Del Ángel, Bazdresch y Suárez Dávila (comps.), *op. cit.*; y Alfredo Phillips, «Entorno internacional, administración de la política monetaria y financiera y la nacionalización bancaria», en Del Ángel, Bazdresch y Suárez Dávila (comps.), *op. cit.*

CUADRO 3

DÉFICIT DEL GOBIERNO

CIFRAS EN MILES DE MILLONES DE PESOS

AÑO	INGRESO TOTAL (1+2)	1. PEMEX	2. TRIBUTARIOS Y OTROS	GASTO TOTAL	DÉFICIT	DÉFICIT COMO PORCENTAJE DEL PIB
1977	230.5	18.4	212.1	292.2	61.7	3.3
1978	303.8	26.8	277.0	370.9	67.1	2.9
1979	412.8	45.3	367.5	514.3	101.5	3.3
1980	683.8	163.7	520.1	817.5	133.7	3.1
1981	935.3	233.9	701.4	1335.1	399.8	6.8
1982	1532.0	457.5	1074.5	2702.7	1170.7	12.4

Fuente*:* Pérez-López, ***Expropiación bancaria en México...***.

El esplendor duró poco. En 1982 ocurrieron dos acontecimientos internacionales que alteraron el escenario económico: la caída de los precios del petróleo y luego el aumento de las tasas de interés internacionales, que fueron golpes definitivos para el estallido de la crisis.[127] Con el primero disminuían los ingresos fiscales y, con ellos, la capacidad de financiamiento del déficit y de pago de la deuda externa; con el segundo, los montos de la deuda crecerían. Ante esta situación, las autoridades financieras estaban acorraladas.

127 Véanse González, *op. cit.*; Phillips, *op. cit.*; y Pérez López, *Expropiación bancaria en México y...*, entre otros.

Por otra parte, la banca privada mostraba una actitud crecientemente crítica con respecto al manejo de la política económica, en especial en torno a aspectos como la asfixia y la poca capacidad de maniobra que los controles regulatorios imponían a la banca; en particular, el encaje legal restringía el manejo de los activos líquidos de los bancos.

De acuerdo con Pérez López, ya para 1979 el margen de maniobra de los bancos para invertir era bajo. El encaje legal marginal llegaba a 40.9%. Aproximadamente 34.1% se debía invertir en las actividades especificadas en los programas de crédito selectivo, 27.5% en actividades de producción señaladas, 7.8% en préstamos para la vivienda de interés social y medio, y 0.6% en títulos y obligaciones del gobierno; sólo quedaba 25% para la inversión a elección del banco.[128] El cuadro 4 muestra el porcentaje del financiamiento que se estaba canalizando al sector público en 1981 y 1982.

CUADRO 4

FINANCIAMIENTO DE LA BANCA PRIVADA AL ESTADO

AÑO	FINANCIAMIENTO TOTAL (miles de millones de pesos)	FINANCIAMIENTO CANALIZADO AL ENCAJE EN BANCO DE MÉXICO (%)	FINANCIAMIENTO CANALIZADO AL SECTOR PÚBLICO (%)
1981	1 941.2	38.49	47.7
1982	3 823.5	39.45	57.3

Fuente: Pérez-López, ***Expropiación bancaria en México y…***

128 Pérez López, *op. cit.*, p. 12; y entrevistas con Sergio Ghigliazza y Agustín Legorreta.

No obstante, el problema más grave era el impacto de la inestabilidad en el desempeño de la banca. Por ejemplo, en el caso de Bancomer, desde 1979 se mantenía un discurso muy cuidadoso, pero crítico, ante la inestabilidad. A fines de ese año, en su Carta a los accionistas, Manuel Espinosa Yglesias explicaba que el banco tenía protegido el valor de sus activos financieros ante los posibles efectos de una crisis:

> [E]n un mundo en el que la erosión de la moneda se acelera por la inflación, es importante que el capital de las empresas esté representado por bienes que mantengan su valor real para lograr la estabilidad de las mismas y, por consiguiente, proteger el capital de los accionistas. Por este motivo, Bancomer cuenta con 223 edificios propios y, como protección adicional, mantiene importantes participaciones en empresas industriales y de servicios...

En 1980 y 1981, se repetirían los mismos argumentos para enfrentar la crisis. Se enfatizaba inclusive el giro de las empresas —en particular el minero y el inmobiliario— como una forma de protección ante la inminente crisis. En los informes de aquellos años, a través de la Carta a los accionistas, se explicaban las diversas medidas tomadas:

> [E]l proceso inflacionario cuando ya lleva varios años, como el nuestro, empieza a afectar a las empresas que no han hecho las provisiones necesarias para mantener su competitividad. Pasados los años de euforia, regresan de la ficción financiera que han estado viviendo, a la realidad de actualizar sus activos, de renovar su equipo y maquinaria.[129]

---

129 Del Ángel, BBVA-*Bancomer*, p. 168.

La situación pegaba indiscutiblemente a los bancos. Los cuadros 5 y 6 muestran la rentabilidad de la banca ajustada por inflación, así como la tasa activa real, de 1978 a 1982. El retorno al capital (ROE) ajustado por la inflación fue cayendo hasta hacerse negativo. La tasa activa real era negativa también.

CUADRO 5

RENTABILIDAD DE LA BANCA

AÑO	ROE*	ROE AJUSTADO POR INFLACIÓN
1978	27.3	9.6
1979	36.5	13.8
1980	34.9	3.9
1981	37.5	6.8
1982	29.6	-34.8

Fuente: Pérez-López, ***Expropiación bancaria en México y...***

* ROE = retorno al capital.

CUADRO 6

TASA ACTIVA REAL

AÑO	TASA ACTIVA REAL
1978	-5.12
1979	-7.17
1980	-9.98
1981	-4.43
1982	-31.49

Fuente: Pérez-López, ***Expropiación bancaria en México y...***

Un conflicto tácito con la banca se fue nutriendo, en buena medida, de los incrementos en el encaje marginal a los depósitos. De acuerdo con un funcionario del Banco de México, ante el alto déficit, las necesidades del sector público eran crecientes, por lo que el gobierno se sobregiraba en su cuenta con el Banco de México y éste automáticamente aplicaba altos encajes legales. Con ello, los banqueros iban perdiendo capacidad de maniobra, lo que los ponía en una situación difícil y asfixiante. Esto fue generando un elemento de rebeldía en sus relaciones con el gobierno, de ahí que, en vez de participar en reuniones y acuerdos formales con el secretario de Hacienda o el director del Banco de México, empezaban a consultarlos de manera directa por teléfono.[130] Algunos de los grandes banqueros acabaron por tratar de manera imprudente al presidente y a otras autoridades.[131] Al respecto, Jesús Silva-Herzog Flores narra:

> Entonces los banqueros, obviamente, no tenían interés en una devaluación, porque muchos de ellos se habían endeudado en dólares, pero sin embargo, sí hubo voces críticas a la política económica: al exceso del gasto y a la falta de ajustes a la política económica, frente a un entorno internacional que había cambiado y donde los precios del petróleo estaban cayendo.[132]

Por otra parte, la inestabilidad y las presiones sobre la balanza

130 Entrevista con Sergio Ghigliazza.

131 Ante esa interacción inusual, algunos funcionarios inclusive reclamaron al presidente que permitiera tales desplantes de esos «pelafustanes». Entrevista con Sergio Ghigliazza.

132 Entrevista con Jesús Silva-Herzog Flores.

de pagos se convirtieron en presiones sobre el tipo de cambio y, por lo tanto, en la aceleración de la fuga de capitales. Ahora bien, las fugas masivas de capitales habían empezado desde 1980, cuando el peso estaba sobrevaluado, y empresas e individuos aprovecharon para comprar dólares, que estaban baratos en términos relativos. Aunque esto no creó presiones sobre el tipo de cambio, fue un factor que eventualmente minó las reservas.[133]

Cuando la Secretaría de Hacienda y el Banco de México autorizaron las cuentas en dólares en México —los llamados «mexdólares»— para evitar fugas de capitales, era un síntoma de que las reservas estaban cayendo y, por lo tanto, de que las cosas iban por mal camino.[134]

El 11 de febrero de 1982, José López Portillo registra en sus memorias un testimonio revelador sobre lo que se perfilaba para los meses siguientes:

> [L]as autoridades financieras no me tenían más respuesta a mis preguntas de por qué y quiénes sacaban dólares, que: «Son pagos normales al exterior, incrementados con pagos anticipados, poca especulación y algo de depósitos en el extranjero». Y yo insistía. «Pero ¿qué anticipos están pagando?» Y la respuesta: «Pues anticipos diversos, no sabemos».
>
> Ante esa ambigüedad, tuve que encargarle a José Andrés de Oteyza que, con gente de su total confianza, estudiara el fenómeno para medir su importancia. Y entonces Oteyza montó un eficiente sistema para captar la información relativa a lo que sintéticamente llamamos «sacadólares», que estuvo completa

133 Entrevista con Sergio Ghigliazza.
134 Entrevista con Sergio Ghigliazza.

con la que me proporcionó Fausto Zapata en alrededor de cuatro meses y que usé en mi último Informe de Gobierno...

Poco podía hacerse en un sistema de libertad cambiaria, dolarizado por una banca interesada en sobrevivir manejando valores extranjeros, en un clima de desconfianza acentuado, cultivado por fuerzas internas y externas que se conjuntaban hacia la desestabilización del régimen. Como lo he dicho otras veces: El derecho de propiedad, conjugado con la libertad cambiaria, propicia la fuga de capitales, y legalmente, creo que poco puede hacerse sin cambiarlo de raíz... que la principal característica de una crisis es la falta de coincidencia entre los intereses privados, legítimos, si se quiere, y el interés público también legítimo...

Ordené, entonces, se proyectara una ley que gravara los capitales mexicanos en el extranjero, incluidos los inmuebles. Y traje otra vez a mi intención el proyecto de nacionalizar la banca y de establecer el control de cambios.

Llamé entonces a Carlos Tello y le encargué que, con toda discreción y bajo su personal responsabilidad, preparara los proyectos completos, con decisiones substanciales, instrumentales y estratégicas.

Carlos Tello era una persona de mi total confianza, especialmente preparado para instrumentar la decisión porque era un convencido de ella. Y no me equivoqué. Para mayo de 1982 disponía yo de anteproyectos que empecé a revisar personalmente con el apoyo fundamental y único del discretísimo Carlos Vargas Galindo. Para junio de 1982, los proyectos estaban listos; la mecanógrafa era Alicia, mi hermana. La discreción absoluta y garantizada. Yo esperaba sólo la ocasión.[135]

135 López Portillo, *Mis tiempos. Biografía y testimonio político*, pp. 1172-1173.

En febrero, la devaluación era inevitable, por lo que en una reunión en Guadalajara el presidente lanzó su tristemente famosa frase «defenderé al peso como perro», la cual en vez de calmar los mercados, los alteró más.[136] El miércoles 17 de febrero, el Banco de México anunció un retiro temporal del mercado de cambios para dejar que el peso cotizara libremente. Como consecuencia, al día siguiente se produjo una devaluación de 41.8 por ciento.

A su vez, las presiones en los precios generaban mayores tensiones políticas. Tanto los sindicatos exigían ajustes en los salarios, como las empresas en los controles de precios. López Portillo cuenta en sus memorias lo que ocurría a fines de marzo:

> [A]yer en la noche vinieron los cúpulos de Monterrey a corear su palinodia: «¡precios!», y lo malo es que tienen razón. Entramos al vórtice inflacionario salario-precios. Hoy vinieron Fernández Hurtado, Abedrop y Agustín Legorreta a entregarme su solidaridad: que no ceje el empleo, que no ceda en el gasto público, que fortalezca el Estado. En fin, mensaje desconcertante que concluyó con lo mismo: ¡precios!
>
> Tenso el ambiente. Los nuevos cúpulos de Coparmex, Basagoiti, y Concamin, Goicochea, estrenando puestos de importancia, se han soltado declarando.[137]

Ambas anécdotas muestran, por un lado, una «solidaridad» de parte de dos de los principales banqueros y del titular del banco central; por otro, revelan también la rebeldía de algu-

136 Entrevista con Jesús Silva-Herzog Flores.
137 López Portillo, *op. cit.*, p. 1197.

nos líderes empresariales. La reacción del empresariado reflejaba la expectativa de que se repetía un fin de sexenio como el de Echeverría.

El entorno era de preocupación generalizada. A su vez, la inestabilidad obrera empeoraba de la mano de la situación macroeconómica. Además, parecía que una lluvia de calamidades caía sobre México ese año. Por ejemplo, el 24 de marzo se incendió la Cineteca Nacional; el volcán Chichonal estalló en erupción el 5 de abril, lo que causó graves daños a la agri-

cultura de Chiapas y estados vecinos; el 6 de junio, sismos de 6.5 grados dejaron cerca de 50 mil damnificados; y el 30 de septiembre el huracán Paul causó 140 mil damnificados en las costas del Pacífico.[138] Era como si toda la historia del país estuviera dando un giro por completo.

En ese contexto, la compra de dólares y la fuga de divisas a través de la banca era un fenómeno inevitable. Los bancos estaban obligados a vender dólares en sus ventanillas al público que se los solicitara, pues de otra forma hubieran quebrantado la ley; los operadores de la banca tenían la obligación de apoyar a sus clientes, desde los que tenían pocos ahorros hasta aquéllos que tenían grandes carteras millonarias. Un número incontable de las relaciones entre los operadores y sus clientes databa de muchos años, y la banca no iba a perderlos, menos aún dejaría de darles el mejor consejo para salvar inversiones y ahorros. Varios banqueros consideraban que esto hubiera sido una falta de ética profesional; y si se trataba de grandes clientes, hubiera representado, además, un error con altos costos para su banco. La actuación de la

138 Véase 1982 *Justicia del tiempo*, Madrid, Difusora Internacional, s.f.

banca, en ese sentido, no era anómala. De hecho, no podía esperarse que fuera de otra forma.[139]

A diferencia de lo que creían López Portillo y sus asesores, aunque los banqueros hubieran —hipotéticamente— frenado esa fuga de divisas desde las ventanillas de los bancos, la caída del peso no se hubiera detenido. Como ya se mencionó, las primeras grandes fugas se dieron desde antes, entre 1980 y 1981, cuando el peso estaba sobrevaluado, situación que dio lugar a fuertes fugas. A medida que avanzaba 1982, los primeros grandes «sacadólares» o, de forma más precisa, los primeros en dejar sus dólares fuera del país fueron los grandes exportadores, entre los que estaban las mayores empresas del Estado, o donde éste tenía participación, incluyendo Pemex, que era el más importante receptor de dólares.[140] Esto fue un factor que presionó al mercado cambiario.

Los ahorradores privados siguieron una conducta racional en la medida de lo posible. Lo mismo se puede decir de las tesorerías de grandes empresas, cuyas fugas fueron relevantes para presionar las reservas del banco central. Pero no sobra mencionar que muchos de esos «sacadólares» a título individual eran funcionarios del gobierno, inclusive los propios colaboradores del presidente, y otros altos servidores públicos.[141] Algunos de esos recursos procedían de la corrupción en el gobierno. El informe sobre las compras de inmuebles en el exterior, que causaron fuga de dólares y que

139 Entrevistas con Miguel Mancera Aguayo, Sergio Ghigliazza, Agustín Legorreta, Rubén Aguilar y Carlos Abedrop.

140 Entrevistas con Sergio Ghigliazza y Carlos Bazdresch.

141 Entrevistas varias.

aparentemente indignaron al presidente, reveló —según se supo después— que entre ellas había propiedades de sus colaboradores y funcionarios, e inclusive de su familia.[142]

El cuadro 7 muestra las estimaciones de la fuga de capitales que hubo entonces. Se trata de las cifras mostradas al presidente antes de su último informe de gobierno, las que usaría para justificar la expropiación de la banca. Estas cifras, por cierto, no han estado exentas de críticas.[143]

CUADRO 7

ESTIMACIONES DE FUGA DE CAPITALES

CIFRAS EN MILLONES DE DÓLARES

AÑO	RENGLÓN DE ERRORES Y OMISIONES DE LA BALANZA DE PAGOS	RENGLÓN DE ERRORES Y OMISIONES DE LA BALANZA DE PAGOS MÁS ACTIVOS NETOS DEL EXTERIOR
1975	-851	-1 046
1976	-2 391	-3 144
1977	-22	-950.1
1978	-127	-601.8
1979	686	-2 454.9
1980	-3 948	-4 512.8
1981	-8 373	-10 904.8
1982	-6 580	-7 788.4

Fuentes: Tello, *La nacionalización de la banca...*; y Rosario Green, *El endeudamiento público externo de México, 1940-1973*, México, El Colegio de México, 1976.

142 Los escándalos que posteriormente salieron a la luz en la prensa son ilustrativos.

143 Por ejemplo, véase Pérez López, *Expropiación bancaria en México y...*

En un principio, el gobierno no tenía claro quiénes eran los principales «sacadólares», pero sí que la banca jugaba un papel, justificado o no, en el proceso. No está totalmente claro con qué razonamientos esperaban que la banca, los ahorradores y las tesorerías de las empresas operaran de una forma distinta.

La «quinta opción»: el 1 de septiembre de 1982

Lo que Carlos V presentía no se hizo esperar; las campañas inmediatas continuarían reclamando dinero cuando estaban copadas, y se iban consumiendo las remesas de las Indias, y se confirmaba el carácter ineludible de la colaboración de los banqueros.
Ramón Carande.[144]

El 30 de junio de 1982, el presidente se reunió con la Asociación de Banqueros de México. Para el presidente de ésta, Carlos Abedrop, las cosas habían fluido cordialmente,[145] pero la nota personal tomada por López Portillo refleja otra percepción: «[V]inieron los banqueros. Eran más de cincuenta y nos expresaron su solidaridad y confianza. ... Los banqueros me miraban con curiosidad. Debo parecerles un bicho raro: hace un año era yo el símbolo del éxito emergente...»[146]

Miguel de la Madrid narra, en sus memorias, que en esos

144 Ramón Carande, *Carlos V y sus banqueros*, Barcelona, Editorial Crítica; Valladolid, Junta de Castilla y León, 1987, t. III, p. 185.

145 Testimonio de Abedrop, «La expropiación bancaria. Testimonio», en Del Ángel, Bazdresch y Suárez Dávila (comps.), *Cuando el Estado se hizo banquero...*, p. 140.

146 López Portillo, *Mis tiempos. Biografía y testimonio político*, p. 1216.

días la decisión ya estaba prácticamente resuelta:

> [E]n julio me dijo que el control de cambios sería una medida que él sentía que podría tomar solo, porque era reversible. Añadió que ya tenía los borradores de los decretos para la nacionalización bancaria, pero que desde luego los tenía congelados, pues sus asesores jurídicos les encontraban fallas legales.[147]

Un aspecto que es importante identificar es cómo se formó en el gobierno —y en la oficina del presidente— la idea de la expropiación. Hay que enfatizar la relevancia de las ideas dentro de los grupos que toman las decisiones. Es importante que, al menos dentro del grupo que va a tomar una decisión, haya una percepción y unas expectativas homogéneas de lo que ocurre, y de cómo pueden resolverse los problemas. El que un grupo tenga la misma perspectiva de un problema permite que se retroalimenten las expectativas entre sus integrantes, y da cohesión y congruencia interna a las decisiones tomadas. Hasta ahora se ha hecho mención, al igual que todos los textos que se refieren a la expropiación bancaria, al grupo que asesoró al presidente y que de alguna forma estaba en contraposición con otro grupo dentro del gabinete económico, el cual tenía una perspectiva más bien ortodoxa.

¿Quiénes asesoraron al presidente para esta medida? En este trabajo se ha mencionado previamente a Carlos Tello y José Andrés de Oteyza como los principales asesores en la materia.[148] En general, es posible afirmar que se trataba de

147 De la Madrid, *Cambio de rumbo. Testimonio de una presidencia...*, p. 29.
148 Sobre quiénes formaban este grupo, véanse los testimonios de los

un grupo dentro del gabinete de gobierno que se oponía a una línea ortodoxa de política económica, llámense estructuralistas, neo-keynesianos, u otra etiqueta alusiva a su inclinación doctrinaria. Miguel de la Madrid también subraya la influencia de José Ramón López Portillo, quien era parte del gabinete, sobre su padre, en favor de que se tomase la medida. También participaron Carlos Vargas Galindo, como asesor jurídico, y Alicia, hermana y colaboradora del presidente. Las memorias de los dos ex presidentes también hacen mención de Fausto Zapata, quien hizo la investigación sobre los «sacadólares».[149]

Desde principios de 1981, algunas de estas personas fueron comisionadas por el presidente para hacer un «grupo de estudio» y elaborar una propuesta económica. En respuesta, dicho grupo propuso al presidente, dentro de la mayor discreción, una serie de opciones para resolver la crisis. La llamada «quinta opción» contemplaba la nacionalización de la banca.

Según la mayoría de ellos, no se trataba de una medida para resolver la crisis, ni para disciplinar a un grupo de poder que se comportaba en forma disidente, sino de un programa de política económica de largo plazo.[150] Como lo han revela-

---

propios actores, como Tello, *La nacionalización de la banca...*, López Portillo, *Mis tiempos. Biografía y testimonio político*, y De la Madrid, *Cambio de rumbo. Testimonio de una presidencia...*

149 López Portillo, *op. cit.*, p. 1236. Véase Anexo III.

150 La explicación en Tello, *La nacionalización de la banca...*, es sustantiva al respecto. Los trabajos académicos de este autor en materia de política económica muestran los argumentos de su postura, y de otros, frente al problema.

do sus propios testimonios, se buscaba completar un proyecto de nación. La expropiación de la banca era una página que faltaba escribir en ese programa. Como se verá más adelante en este texto, muchas de las reacciones que vendrían después del 1 de septiembre confirmarían lo anterior.

Dadas las distintas posturas en el gabinete económico, las confrontaciones afloraban. Para junio se retiró al Banco de México de las reuniones de gabinete, siendo representado en adelante por —y por ende subordinado a— la Secretaría

de Hacienda. Aquélla fue una señal de la creciente intervención del Ejecutivo en el banco central.[151]

El estallido de la crisis estaba cada vez más cerca. El 2 de agosto subieron 30% los precios del pan, de la tortilla, de los combustibles y de la electricidad; aunque el gobierno mantuvo el subsidio a estos rubros, éste se vio reducido. El mismo mes hubo aumentos mayores en otros bienes.

El 5 de agosto entraron en vigor dos tipos de cambio: el preferencial para la importación de bienes, fundamentalmente básicos, y uno de aplicación general en el que no intervendría el Banco de México. Se anunció también una nueva devaluación y la decisión de cubrir los «mexdólares» sólo en moneda nacional. Un recuento muy vívido del estallido de la crisis de la deuda y de los momentos previos a la nacionalización lo proporciona el entonces secretario de Hacienda, Jesús Silva-Herzog Flores:

> [L]a salida de capitales no paraba, todos los recursos disponibles —créditos de la banca internacional al sector público y privado, apoyos

151 Entrevista con Carlos Bazdresch.

suscritos con la Tesorería y la Reserva Federal de Estados Unidos— eran insuficientes para satisfacer la demanda de un mercado que no sólo había perdido la confianza en el peso mexicano, sino en las instituciones. El verano del 82 fue terrible. ...el mercado cambiario se ve afectado, sobre todo, por las operaciones de las tesorerías de las grandes empresas en México, nacionales y extranjeras. El 5 de agosto anunciamos, en conferencia de prensa, una nueva devaluación y el 12 nuevas medidas cambiarias, incluyendo la muy controvertida de cubrir los mex-dólares —indizados al dólar— sólo en moneda nacional.

La circulación de mex-dólares en agosto de 1982 era de alrededor de 11 mil millones de dólares. Nuestra reserva internacional era totalmente insuficiente para cubrir esos compromisos... al día siguiente, me traslado a Washington para iniciar lo que poco después se conocería como el «fin de semana mexicano». Se trataba de obtener apoyo financiero y evitar una seria crisis de pagos, con consecuencias, a nivel mundial, difíciles de predecir.

Negociaciones con la Tesorería americana, el Sistema de la Reserva Federal, el Fondo Monetario Internacional, el Banco Mundial. Las negociaciones que tienen lugar en el viejo edificio de la Tesorería y se prolongan hasta las 3 ó 4 de la mañana —hecho, en verdad, insólito. Participan además de los mencionados, el Departamento de Energía e incluso la CIA. La delegación mexicana se tuvo —a última hora— que completar con la presencia del secretario de Patrimonio y con el director de Pemex. Hubo momentos en que los mexicanos anunciaron el rompimiento de las negociaciones, los americanos mostraron su codicia, una expresión de uno de los miembros de la delegación de Estados Unidos fue «hay que aprovecharse de quien está en dificultades y atraviesa por una emergencia, para cobrarles más cara la ayuda».

A mi regreso de Washington y en las primeras horas del lunes 16 de agosto me percato, de modo muy reiterado, de un ambiente en la sociedad mexicana de enorme incertidumbre, en donde rumores descabellados circulaban en todas partes: congelación de cuentas bancarias, confiscación de las cajas de seguridad, etc. Le propongo y me autoriza el Sr. Presidente López Portillo, dar, al día siguiente, una conferencia de prensa, en cadena nacional. ...en el Salón Panamericano de Palacio Nacional, ante la prensa nacional y extranjera, con algunas gráficas (todavía no existía el Power Point), apuntes casi improvisados, y ayudado por Jaime Serra, utilicé la expresión: «es un problema de caja»...

Viernes 20 de agosto, 9:00 A.M. Edificio del Banco de la Reserva Federal. Reunión con la banca acreedora. Gracias a los buenos oficios de Paul Volcker, habíamos extendido la invitación para la reunión a cerca de 1,000 bancos privados de todas las partes del mundo. La semana anterior habíamos decidido formar el grupo asesor, integrado por 14 instituciones, representando las diversas zonas geográficas del mundo. Gran expectativa. ... Más de 600 personas llenaban el auditorio del banco en Wall Street. ... Nunca hablamos de moratoria, sino de reestructuración. La mecánica establecía la indispensable participación de todos los bancos —los grandes y los chiquitos— lo cual permitiría la entrada en paralelo del Fondo Monetario Internacional. Era una situación inédita. Sus consecuencias afectarían, sin duda, el funcionamiento futuro del sistema financiero internacional. Esa noche, antes de regresar a México, caminé largamente por las calles de Nueva York. En esos días de finales de agosto de 1982... [e]stuve un rato con el Sr. Presidente de la República para informarlo de los últimos acontecimientos. Estaba dando los últimos toques a su sexto y último informe presidencial. Vestía de manera deportiva y estaba a punto de salir a Ixtapa-Zihuatanejo para consultar con «el viento, el sol y el mar» la posible nacionalización de la banca mexicana y la imposición de un control de cambios... Aquella mañana de sábado le hice llegar mi postura sobre la medida, la cual, yo no podía creer como una posibilidad real...

El lunes previo al miércoles 1º de septiembre, teníamos reunión del Consejo de Administración del Banco Obrero, al cual se había invitado al Sr. Presidente y a mí, como Secretario de Hacienda. ... Ese mismo día, en la inauguración de la Asamblea Anual de la Confederación de Trabajadores de México, la CTM, el Sr. Presidente expresó que el país tenía 90 días para recuperar el respeto nacional. La prensa de mediodía recogió la expresión que para mí era el anuncio de la nacionalización bancaria. El anuncio se haría en la tarde ante una reunión de gabinete económico, a la cual asistieron, además y entre otros, el Secretario de la Defensa y el Jefe de la Policía del Distrito Federal. El Sr. Presidente, al cabo de la reunión, me llevó a su despacho y me señaló que a sabiendas de no estar de acuerdo con la medida, me pedía, «en nombre de la República», permanecer en mi puesto de Secretario de Hacienda. Esa noche salía Miguel Mancera del Banco de México y se nombraba a Carlos Tello en su lugar. Atendí el llamado del presidente de la República y salí a informarle al Presidente Electo Miguel de la Madrid, en su casa de campaña de Coyoacán...

El miércoles 1º de septiembre, el Estado Mayor convocó al gabinete legal y al ampliado a un desayuno en Los Pinos, antes de ir a la Cámara de Diputados y escuchar el VI y último informe del Presidente López Portillo. El Sr. Presidente le pidió

> al Lic. Vargas Galindo, su asesor jurídico, que diera lectura al Decreto de Nacionalización de la Banca Privada en México y al Decreto que establecía un control integral de cambios, a partir de esa fecha. El ambiente en el salón se podía cortar con cuchillo. Adrián Lajous, preguntó si podía comentar la medida, la respuesta fue que no había tiempo y que si así lo decidía podría no asistir a la ceremonia del informe, cosa que hizo. A pesar de tratarse de un secreto de Estado muy bien guardado —el Secretario de Hacienda se enteró el día previo— al llegar al Congreso se sentía que la decisión se había empezado a filtrar en ciertos sectores. ... [D]esde la noche anterior, las principales oficinas de los bancos son resguardadas por elementos del ejército mexicano. Era una verdadera emergencia.[152]

Desde semanas antes se sabía que el presidente daría un aviso importante y sorpresivo en su último informe.[153] En sus memorias, López Portillo explica su asombro al ver, el 31 de agosto, el día antes del informe, los datos sobre salidas de dólares: 14 mil millones de dólares en cuentas de mexicanos en Estados Unidos, 30 mil millones en predios de los que ya se habían pagado 9 mil en enganches y

---

152 En Jesús Silva-Herzog Flores, «Recuerdos de la nacionalización de la banca», en Del Ángel, Bazdresch y Suárez Dávila (comps.), *Cuando el Estado se hizo banquero...*, pp. 95-105; entrevista con Jesús Silva-Herzog Flores. Para ampliar el testimonio de este actor, véanse también sus memorias de reciente aparición (Jesús Silva-Herzog Flores, *A la distancia... Recuerdos y testimonios políticos*, México, Océano, 2007).

153 Véanse, por ejemplo, algunas referencias hemerográficas, como la revista *Siempre!* del día 8 de septiembre, pero que fuera redactada antes del informe, donde presupone que el presidente dará un aviso relevante para la nación.

servicios, 12 mil millones de «mexdólares». Narra:

> [E]s increíble: toda la inversión extranjera, desde el origen de nuestra historia, llega a 11 mil millones de dólares, de los cuales 8 mil son norteamericanos. Cinco veces más alta es la inversión mexicana en el exterior. ¡Qué vergüenza! ¡Qué asco! Voy a actuar, tope en lo que tope.[154]

Pero, según su propio testimonio y el de otros, la medida se había venido preparando desde tiempo atrás. Por otra parte, es de notar que ni en ese momento ni en sus memorias López Portillo da cuenta de que muchos de los «sacadólares» a título personal eran altos funcionarios de gobierno, inclusive sus propios colaboradores y su familia, la cual figuraba entre quienes compraron propiedades en el exterior.[155] Tampoco repara en el hecho de que las grandes empresas exportadoras que dejaron sus dólares eran empresas con participación pública, incluida Pemex.

Así llegó el 1 de septiembre.[156] Ese sexto informe de gobierno, caracterizado por una pasión colérica del presidente, tuvo en suspenso al país entero. En el inicio abrió con frases elocuentes que anunciaban la gravedad del momento y su intención de deslindar la responsabilidad de su gobierno: «[N]o vengo aquí a vender paraísos perdidos, ni a buscar in-

---

154 López Portillo, *Mis tiempos. Biografía y testimonio político*, p. 1232.

155 Elizondo Mayer-Serra, *La importancia de las reglas...*, además de los escándalos de corrupción en el gobierno que fueron saliendo a la luz en medios periodísticos.

156 Véanse recuentos en Del Ángel, Bazdresch y Suárez Dávila (comps.), *Cuando el Estado se hizo banquero...*

dulgencias históricas. Decir la verdad, la mía, es mi obligación y mi derecho». En esa dirección, más adelante expresó: «[S]oy responsable del timón mas no de la tormenta».

En el informe, López Portillo se deslindó de toda responsabilidad sobre el manejo de la política económica y acusó de la crisis a la caída de los precios del petróleo, los incrementos de las tasas de interés, el motín de los sacadólares, la fuga de capitales y a los banqueros. A las 14:15 horas del 1 de septiembre de 1982, el presidente López Portillo hizo una pausa

momentánea, señal de que haría un anuncio importante, y dijo solemnemente: «[H]e expedido en consecuencia dos decretos. Uno que nacionaliza los bancos privados del país.»

De inmediato, hubo una ola de vítores y aplausos en el recinto. Los asistentes hicieron una ovación de pie. No obstante, las cámaras de televisión que transmitían el informe a todo el país enfocaron a un grupo de asistentes que parecía anonadado ante el anuncio presidencial, entre ellos, el recién electo Miguel de la Madrid, quien aplaudía con desgano.

El segundo decreto fue anunciado: «[y] otro que establece el control generalizado de cambios, no como una política superviviente del más vale tarde que nunca, sino porque hasta ahora se han dado las condiciones críticas que lo requieren y lo justifican. Es ahora o nunca. ¡Ya nos saquearon. México no se ha acabado. No nos volverán a saquear!». Tras ello continuaron los vítores y aplausos.

Los bancos habían sido tomados por el ejército y, después del informe, permanecieron cerrados cinco días. Curiosamente, esto no generó una alarma generalizada, sino confusión a nivel nacional que permeaba al ámbito financiero internacional.[157] Miguel Mancera, titular del Banco de México, había sido sustituido la noche anterior, a causa de su oposición abierta a la expropiación, y el nuevo director era Carlos Tello.

Cabe señalar que inmediatamente después del informe mucha de la prensa financiera internacional no vio con malos ojos la medida; empero, al pasar los días, surgieron las preocupaciones y críticas en otros países. Las reacciones internacionales fueron diversas.[158] Por su parte, los bancos internacionales acreedores de México, en un principio se sintieron asegurados por el hecho de que el gobierno tomara el control de la banca ante la crisis de la deuda. Las verdaderas preocupaciones internacionales se verían después, pero serían manejadas con cautela.

El 6 de septiembre, cuando reabrieron los bancos, la reacción del público fue de relativa calma. No hubo desórdenes ni fugas de depósitos.[159] El primer banco entregado por el pre-

157 En las memorias de Jesús Silva-Herzog Flores, *A la distancia... Recuerdos y...*, el testimonio de uno de los funcionarios que fue asignado para dirigir un banco es ilustrativo de esa incertidumbre.

158 Por ejemplo, a unos días de anunciada la medida, se decía que el gobierno de Colombia examinaba la posibilidad de expropiar su banca privada. (*Excélsior*, 5 de septiembre de 1982.) Algunas reacciones eran predecibles: en Estados Unidos, escepticismo; en Cuba y en la Unión Soviética hubo despliegues de apoyo en la prensa. (*El Nacional*, 6 de septiembre de 1982.) Folios D01120 y D02563-Bancos y Nacionalización Bancaria, Archivos Económicos, Fondo Biblioteca Lerdo de Tejada-SHCP.

159 «Mostró madurez el pueblo: la banca operó sin problemas. Instaló López Portillo las Juntas Intersecretariales, Coordinarán la expropiación». (*Excélsior*, 7 de septiembre de 1982.) Folios D01120 y D02563-Bancos y Nacionalización Bancaria, Archivos Económicos, Fondo

sidente a su nuevo director fue Banamex. La sindicalización del sector también empezó de inmediato. Se inició un fondo para pagar la indemnización a los banqueros, cuyos depósitos se recibirían en Banco Obrero; pero ese proceso tomaría más tiempo.[160]

Como la medida tenía problemas legales, se promovió una reforma constitucional *ex post* a la medida. La reforma fue aprobada por la Suprema Corte por la vía rápida, aunque dos jueces votaron en contra.

 Después de su último informe, el presidente tuvo cada vez menos apariciones públicas, probablemente por sugerencia de su Estado Mayor para mantener su seguridad.[161] Con el tiempo, la euforia de los primeros días se fue convirtiendo en una resaca.

Aunado a ese ambiente de incertidumbre que siguió al informe presidencial, se dejaba ver un factor emocional, tanto del presidente, como de sus colaboradores. Miguel de la Madrid retrata en sus memorias a un presidente que había perdido una visión clara de la realidad:

> [A] partir del primero de septiembre... yo suponía que el Presidente estaba muy acelerado y temía que pudiera tomar otras medidas graves. ... Fui a desayunar con López Portillo el 3 de septiembre. Sólo

---

Biblioteca Lerdo de Tejada-SHCP.

160 La indemnización tomó mucho más tiempo. Hay una versión en Carlos Sales Gutiérrez, *Indemnización bancaria y evolución del sistema financiero, 1983-1988*, México, Páginas del Siglo XX, 1992, pero se trata de un tema poco estudiado.

161 También circulaban rumores de que el presidente sufriría un atentado.

> entonces me di cuenta del nivel emocional de desconcierto por el que estaba atravesando. Me recibió con expresiones como ésta: «A lo mejor nos ha tocado la responsabilidad histórica de desencadenar la Tercera Guerra Mundial, el holocausto de la humanidad», refiriéndose a la posibilidad de una moratoria de la deuda externa, que hundiría el sistema financiero internacional. También llegó a decir: «Tal vez a nosotros nos corresponda promover la revolución social en México».[162]

Tras una medida de esa envergadura, en un ambiente generalizado de incertidumbre y desconcierto ante la crisis, se puede esperar una reacción emocional. Pero la emotividad, aparentemente irracional, era también alimentada por un entorno mucho más amplio, que iba más allá de los colaboradores del presidente o del gobierno.

---

162 De la Madrid, *Cambio de rumbo. Testimonio de una presidencia...*, pp. 31-33. Este encuentro y el comentario referente al inicio de la Tercera Guerra a causa de la moratoria, también aparecen en las memorias de López Portillo, *Mis tiempos. Biografía y testimonio político*, pp. 1253-1254.

V

LOS PRIMEROS MESES DE LA BANCA ESTATIZADA

LAS REACCIONES DURANTE LOS «NOVENTA DÍAS»

¿Cómo un determinado entorno retroalimenta las expectativas sobre las decisiones que están por tomarse o ya han sido tomadas? ¿Qué factores inciden sobre la percepción de una acción? En los párrafos siguientes explicaremos cómo un entorno ampliado concebía la expropiación de la banca como una medida deseable. Esto constituía un elemento importante que reforzaba las expectativas del gobierno respecto de sus acciones.

Tanto Del Ángel, Suárez y Bazdresch como Elizondo enfatizan, entre las consecuencias políticas de la expropiación bancaria, el rompimiento con el sector empresarial, así como las voces disonantes.[163] No obstante, en un primer momento, después de la medida, hubo una reacción de apoyo, tanto

163 Del Ángel, Bazdresch y Suárez Dávila (comps.), *Cuando el Estado se hizo banquero...*; y Elizondo Mayer-Serra, *La importancia de las reglas...*

de varios grupos populares organizados, como de la prensa, analistas y líderes de opinión. Este apoyo representó para el gobierno la legitimación política de la medida. Además, era la confirmación de que se había hecho lo correcto, al menos políticamente. La naturaleza corporativa del Estado mexicano contribuyó a que la medida se percibiera como legítima y a que toda la movilización civil apoyara las acciones del presidente.

La información hemerográfica refleja que dentro del Estado mexicano, en todos los niveles de gobierno, disciplinadamente se cerraron filas en torno al presidente. Lo mismo ocurrió entre los distintos componentes políticos relacionados con el gobierno (sindicatos y organizaciones, gobiernos estatales). Esto convertía a la nacionalización en una medida de Estado, con la generación de costos políticos suficientemente altos para una posible reversión. Ello, con independencia de que dentro del Poder Ejecutivo hubo quienes, a título individual, no comulgaban con la medida (como Silva-Herzog Flores y De la Madrid) y quienes se habían opuesto abiertamente a ella (Miguel Mancera y Adrián Lajous, entre los más conocidos).

De inmediato, después del informe presidencial hubo manifestaciones populares masivas de apoyo. Hacia el mediodía del viernes 3 de septiembre, el Zócalo de la Ciudad de México se llenó. Algunas pancartas portadas por los obreros rezaban: «Ahora Televisa».[164] Al concluir el mitin, Fidel Velázquez, el principal líder del sector obrero, aludió al sector

164 Información en revista *Nexos*, octubre de 1982.

privado: «si quieren dureza, la tendrán».[165]

La prensa y muchos analistas se volcaron en loas al presidente. Es un hecho que las manifestaciones populares y esta actitud de la prensa estaban asociadas a la capacidad corporativa del gobierno de movilizar grupos y a la opinión pública en su favor. Pero también es un hecho que esto no sólo reflejaba a una prensa tradicionalmente cooptada y al apoyo corporativista de los grupos y la capacidad de movilización del PRI, sino que se traslapaba, además, con una aceptación de la medida por parte de varios colectivos.[166] Dichos apoyos contribuían a incrementar los costos políticos de revertir la medida. Ya fueran convencidos o acarreados, hubo una enorme movilización política a nivel nacional para apoyar al Ejecutivo.

En la prensa de esos años, e inclusive en las publicaciones más disciplinadas al gobierno, hubo muchas voces críticas, las cuales se acentuaron con el paso del tiempo.[167] Pero aún así, los banqueros siempre fueron como una élite lejos del favor popular. Las manifestaciones masivas de apoyo fueron un factor determinante para inhibir en un principio una movilización civil en contra de la medida.[168]

---

165 *Nexos*, octubre de 1982.

166 Para ejemplos de apoyo de la prensa, así como de grupos y colectivos, véase Anexo IV.

167 Aunque dominaron las voces de apoyo, hubo notas diversas de voces críticas. Véanse folios D01120 y D02563-Bancos y Nacionalización Bancaria, Archivos Económicos, Fondo Biblioteca Lerdo de Tejada-SHCP. Véanse también notas en la revista *Siempre!*, 15 y 22 de septiembre de 1982.

168 Testimonios de Carlos Abedrop y Agustín Legorreta en Del Ángel, Bazdresch y Suárez Dávila (comps.), *Cuando el Estado se hizo banquero*...

LA CORRUPCIÓN OFICIAL Y PRIVADA ES EL GRAN PROBLEMA DE MÉXICO, DICE CUAUHTÉMOC CÁRDENAS

¡Nacionalizar La Banca No Basta!

Un paso que responde a la línea más avanzada de la Revolución

Hay que trabajar mucho, no ahondar divisiones ni desatar cacerías de brujas ● La crisis fue la salida de dólares alentada por una banca en manos privadas, pero hay otras cosas a combatir ● Las nacionalizaciones del petróleo y la de la banca se corresponden pero se realizan en contextos distintos ● La bancaria afecta a una pequeña minoría de mexicanos, la petrolera a compañías extranjeras, y no creo que se vayan a dar situaciones internacionales como las de 1938 ● Debemos distinguir muy claramente, pues sería grave error englobar a importantes sectores de la población como contrarios a los intereses del país, aunque puedan estar confundidos ● México hay que hacerlo entre todos y a nadie podemos echarlo a un lado ● Me preocupa mucho más haber tenido que suspender programas de caminos, electricidad, etc., que cancelar boletos de poetas que venían a un Festival ● Esto ha sido una necesidad lamentable y no un atentado contra los poetas ni contra la cultura.

POR LUIS SUÁREZ

Como muestra de las reacciones de entonces, la revista *Siempre!*, en sus ediciones del 15 y del 22 de septiembre, al igual que otros medios de la prensa escrita, expresaba su apoyo a José López Portillo. Las caricaturas ilustran la comparación, que el propio presidente buscaba, de su persona con Lázaro Cárdenas cuando expropió la industria petrolera. Tratándose de una publicación entonces disciplinada al gobierno, este apoyo no es raro; por el contrario, es una muestra de una reacción generalizada. No obstante el control de la prensa, también hubo voces críticas, inclusive en esta publicación.

Cuauhtémoc Cárdenas, entonces figura relevante dentro del PRI y quien unos años después se convertiría en el líder moral de la izquierda en México, en una nota aparecida en *Siempre!* el 22 de septiembre de ese año, expresó su postura: favorable a la nacionalización de la banca, pero al mismo tiempo crítica del gobierno.

Esto permite marcar una diferencia con lo que ocurriría años después cuando se intentó nacionalizar la banca en Perú. A diferencia de López Portillo, el presidente Alan García no contó con la capacidad de movilización política y popular que tenía el PRI. Por el contrario, la sociedad civil se manifestó en contra de la medida expropiatoria, que debió ser revertida.

En México, una parte importante de la prensa y muchos entusiastas gastaban palabras para convencer a los incrédulos de las bondades de haber expropiado la banca.[169] Otros analistas simplemente eran más escépticos, además de aquéllos que habían manifestado su discrepancia.

Entre los grupos que estaban de acuerdo, algunos veían a la expropiación como parte programática de un proyecto de nación; tal fue el caso del Partido Socialista Unificado de México (PSUM), así como de 21 sindicatos independientes, que

169 Para algunos ejemplos de notas periodísticas para convencer acerca de las bondades de la expropiación bancaria, véase Anexo IV.

mostraron su adhesión al presidente por la nacionalización de la banca y el control de cambios, ya que «son demandas de la izquierda y de las organizaciones democráticas, que durante muchos años se sostuvieron en los puntos programáticos...».[170]

La naturaleza de ese paso estaba clara para muchos intelectuales y líderes de opinión. Así, Héctor Aguilar Camín expresaba: «¿Qué suprimió entre nosotros la nacionalización de la banca? Sobre todo esto: la sensación entre resignada y

beligerante de no tener otro camino que el previa y ajenamente trazado por el capitalismo bárbaro mexicano...».[171] Dentro de la izquierda, hubo quien la llamó «la expropiación obligada».[172]

Para el grupo del gobierno que diseñó la medida, ese apoyo era una muestra de que se trataba de un proyecto creíble para la economía nacional, al menos por el manifiesto consenso popular y de bases políticas. Pero dicho apoyo estaba sobreestimado, no sólo porque probablemente en parte provenía, en efecto, de la capacidad del gobierno para movilizar grupos, sino porque, al agravarse la crisis, el descontento se acrecentaba. Y también porque habían subestimado la reac-

---

170 *El Universal*, 4 de septiembre de 1982. La idea es reiterada en el editorial de Fernando Rello, «Banca: primer paso», *Excélsior*, 4 de septiembre de 1982. Folios D01120 y D02563-Bancos y Nacionalización Bancaria, Archivos Económicos, Fondo Biblioteca Lerdo de Tejada-SHCP. Véanse también las notas en *Siempre!*, 15 y 22 de septiembre de 1982.

171 *Nexos*, octubre de 1982.

172 «La expropiación obligada», artículo de José Blanco, entonces director de la Facultad de Economía de la UNAM, en *Nexos*, noviembre de 1982.

ción de quienes no estaban de acuerdo con la expropiación —en el gobierno y en el país en general— no sólo contra la medida en sí, sino contra el proyecto económico en su conjunto.[173] La gravedad de la situación económica en México obstruía la legitimidad de la medida. Esto, sumado a la evidente corrupción gubernamental, propiciaba la caída de la popularidad del gobierno y, por lo tanto, de la aceptación, al menos política, de sus acciones.

La nación estaba dividida hasta cierto punto, pero el desempeño económico de los últimos meses del sexenio de López Portillo terminaría por inclinar la balanza en su contra. Las reacciones contrarias a la medida se fueron desencadenando poco a poco. Por un lado, los banqueros eran los menos beligerantes y mantenían una postura conciliatoria, ya que temían represalias directas, pues desde la víspera del informe los ex titulares de los bancos eran vigilados por la policía secreta. Además, algunos empresarios temían que continuara una política confiscatoria. Por otro, hubo grupos empresariales que reaccionaron de inmediato. Así, el 3 de septiembre se reunieron en el Instituto Panamericano de Alta Dirección de Empresa (IPADE) empresarios como Manuel J. Clouthier, presidente del Consejo Coordinador Empresarial; José María Basagoiti, presidente de la Confederación Patronal de la República Mexicana (Coparmex); y Emilio Goicochea, presidente de la Confederación Nacional de Cámaras de Comercio (Concanaco), entre otros, con economistas del

173 Declaración de Carlos Tello y Rolando Cordera en la conferencia «La disputa por la nación, ayer y hoy», en la Facultad de Economía de la UNAM, 2007.

Centro de Estudios del Sector Privado.[174] Ese día los empresarios de Nuevo León iniciaron protestas.[175] El propio Clouthier declararía que esperaba que «la medida no fuera irrevocable y que el Estado recapacitaría».[176] Después, haría pronunciamientos más agresivos: «La IP está más fuerte que nunca y conjuntando voluntades...».[177]

Miguel de la Madrid recuerda que los líderes empresariales le dijeron que estaban dispuestos a unirse todos y comenta: «[h]asta me hicieron insinuaciones veladas de acción po-

lítica violenta».[178] Los temores eran amplios. López Portillo narra que el 7 de septiembre le llamó el gobernador de Nuevo León

> [p]ara decirme que no habrá paro empresarial; que quieren explicar su posición; que quieren que cese la campaña en su contra; que quieren facilidades para seguir; que van a repatriar capitales y que no se publiquen las listas de sacadólares y compra casas.[179]

174 *Excélsior*, 4 de septiembre de 1982.

175 «Esgrimirá la IP de N.L. medidas que afectarán a todo México», *Excélsior*, 4 de septiembre de 1982.

176 *Excélsior*, 5 de septiembre de 1982.

177 *Excélsior*, 6 de septiembre de 1982. Otras notas interesantes: «Aún no se pronuncian los empresarios y en Monterrey ya anuncian marchas de protesta» (El *Día*, 5 de septiembre de 1982); «Acuerdan en Baja California campaña contra la nacionalización» (*Excélsior*, 5 de septiembre de 1982). Folios D01120 y D02563-Bancos y Nacionalización Bancaria, Archivos Económicos, Fondo Biblioteca Lerdo de Tejada-SHCP.

178 De la Madrid, *Cambio de rumbo. Testimonio de una presidencia...*, p. 32.

179 López Portillo, *Mis tiempos. Biografía y testimonio político*, p. 1250, 7 de septiembre.

Una semana después anota:

> Los cúpulos doblando las manos. Parecen entender que nada ganan con oponerse y sí pierden y corren riesgos. Los especuladores y ausentistas furiosos. Pero los empresarios mexicanos postergados por la banca privada que concentraba privilegios en sus propias empresas entienden y agradecen la medida.[180]

Además, el presidente creía que no todo el sector privado le echaba en cara la medida.

También se rumoraba que seguiría una ola de expropiaciones, incluyendo la de la televisión y la industria alimentaria. A ello se sumó el hecho de que el 27 de septiembre la secretaria de Turismo, Rosa Luz Alegría, informó sobre la «mexicanización» de la cadena hotelera Holiday Inn.[181] Aunque se aclaró que no se trataba de un paso a la nacionalización de la industria o de empresas transnacionales, los temores no se redujeron.

Además, la ruptura política se fue haciendo evidente. Los banqueros procedieron al amparo, de acuerdo con lo que la ley les permitía. Las organizaciones empresariales optaron por un mayor activismo, constituyendo la fuerza cívica que se opuso a la nacionalización. Los líderes empresariales Clouthier, Goicochea y Basagoiti iniciaron el movimiento México en la Libertad, que eventualmente tendría un impacto importante en la política del país.[182]

---

180 *Ibid.*, p. 1250, 14 de septiembre.
181 Véase también 1982 *Justicia del tiempo*.
182 Carlos Abedrop, «La expropiación bancaria. Testimonio», en Del Án-

En esos 90 días de incertidumbre, la crisis económica continuó su marcha, mientras que la situación del gobierno suscitaba desconcierto. Mientras, en la banca nacionalizada se esperaba la llegada del nuevo presidente, en diciembre, para saber qué rumbo se tomaría. El propio López Portillo expresó: «corresponde a mi sucesor organizar en forma definitiva a la banca».[183]

El 14 de diciembre de 1982 los diarios citaron al flamante secretario de Programación y Presupuesto, Carlos Salinas de Gortari, en su presentación del proyecto de presupuesto para el año siguiente:

> [E]l gobierno mantiene un principio de economía mixta, pero no dará marcha atrás en la nacionalización de sus bienes estratégicos: petróleo, energía eléctrica y banca, para devolverlos a la ineficiencia del sector privado. [H]ay que luchar tenazmente para conservar a la banca como patrimonio de la sociedad y no de una nueva burguesía del Estado.[184]

Además de la ironía histórica que representa esta aseveración, era claro que al iniciar el gobierno de Miguel de la Madrid, a pesar de que él mismo y su entorno de colaboradores

---

gel, Bazdresch y Suárez Dávila (comps.), *Cuando el Estado se hizo banquero…*, p. 142.

183 Excélsior y El Universal, 29 de octubre de 1982. Folios D01120 y D02563-Bancos y Nacionalización Bancaria, Archivos Económicos, Fondo Biblioteca Lerdo de Tejada-SHCP.

184 *Unomásuno*, *El Nacional*, 14 de diciembre de 1982. Folios D01120 y D02563-Bancos y Nacionalización Bancaria, Archivos Económicos, Fondo Biblioteca Lerdo de Tejada-SHCP.

no habían estado de acuerdo con la medida expropiatoria, tampoco tenían disposición de revertirla.

TRANSICIÓN Y COMPENSACIÓN

De acuerdo con testimonios, una vez llevada a cabo la expropiación, las autoridades hacendarias propusieron como titulares de los bancos a personas que tenían cierta reputación en el medio financiero y principalmente en el sector público.[185] Esto fue en respuesta a la propuesta inicial para ocupar dichos cargos hecha por los promotores de la estatización. La función de los nuevos directores de los bancos era mantener un equilibrio en la transición entre el gobierno saliente y el entrante.

La transición se haría de forma cuidadosa. Algunos aspectos se consultarían, aunque guardando la distancia, con los ex banqueros, como el de los candidatos para titulares de los bancos.[186] La nueva administración y las autoridades hacendarias tenían claro que el sector bancario era bastante complejo como para tomar su administración a la ligera, sacrificando, por ejemplo, la rentabilidad. El 1 de diciembre, al iniciar el nuevo gobierno, un relevo de funcionarios ocupó las direcciones de los bancos. Pero quedaba claro que no se revertiría la expropiación.

185 Silva-Herzog Flores, «Recuerdos de la nacionalización de la banca», en Del Ángel, Bazdresch y Suárez Dávila (comps.), *op. cit.*, y del mismo autor, *A la distancia... Recuerdos y...*

186 Entrevistas con Jesús Silva-Herzog Flores y Carlos Bazdresch.

No obstante, el gobierno optó por un proceso de compensación a los ya ex banqueros, y por buscar la conciliación con el sector privado y propiciar una mayor confianza. Uno de los elementos compensatorios fue el proceso de indemnización. El 27 de diciembre se reunieron por primera vez los banqueros con el gobierno para discutir el tema.[187] El acuerdo se concretó en marzo de 1983. La conclusión de este proceso tomaría tiempo. La forma en la que se llevó a cabo no ha estado exenta de fuertes críticas, aunque en esta investigación no nos detendremos en ese aspecto.

Otro elemento compensatorio se dio a partir del 29 de diciembre de 1982, cuando se aprobó una Ley Bancaria que legalizaba la posibilidad de participación privada minoritaria en la banca y eliminaba el reglamento de la banca estatizada, publicado el 4 de septiembre. Esto era una forma de empezar a «suavizar» la relación con el sector privado; sin embargo, la decisión suscitó de inmediato fuertes críticas por parte de grupos organizados, sobre todo del sector obrero,[188] y de partidos de la oposición dentro del Congreso. La ley fue aprobada con 260 votos a favor por parte del PRI, del PAN, del Partido Demócrata Mexicano (PDM) y del Partido Socialista de los Trabajadores (PST). Hubo 20 votos en contra por parte del PSUM y del Partido Popular Socialista (PPS), que hicieron fuertes críticas. Además, 50 diputados priístas salieron para «no

187 *Excélsior*, 28 de diciembre de 1982. Folios D01120 y D02563-Bancos y Nacionalización Bancaria, Archivos Económicos, Fondo Biblioteca Lerdo de Tejada-SHCP.

188 *Unomásuno*, *Excélsior*, 30 de diciembre de 1982. Folios D01120 y D02563-Bancos y Nacionalización Bancaria, Archivos Económicos, Fondo Biblioteca Lerdo de Tejada-SHCP.

comprometer su voto».[189]

El tercer elemento compensatorio fue la venta de los activos no bancarios de la banca, anunciada en marzo de 1984. Al evaluar los activos de los bancos, el gobierno se dio cuenta de que incluían una gran cantidad de acciones que le daban a la banca porcentajes importantes de propiedad en empresas industriales y comerciales, entre ellas las más grandes de México.[190] Para algunos, esas participaciones habían sido uno de los factores que motivaron a los promotores de la nacionalización, ya que consideraban que el Estado tendría así «el control de la economía».[191] La nueva administración optó por vender esos activos, lo que pasó a formar parte del proceso de indemnización, y para muchos banqueros representó una compensación generosa.[192]

El cuarto elemento de compensación política al sector privado —y el más importante por sus efectos— fue dejar dentro de la legislación el mercado de títulos, incluyendo a los Cetes, como operación exclusiva de las casas de bolsa, las cuales permanecieron en manos privadas. Al mismo tiempo, las disposiciones legales dejaban a la banca estatizada fuera de esa industria. La compra y venta de títulos y valores eran una parte importante de las operaciones de los bancos, pero a partir de entonces pasarían por las casas de bolsa, lo que permitió que éstas experimentaran un rápido crecimiento y

---

189 Notas en Folios D01120 y D02563-Bancos y Nacionalización Bancaria, Archivos Económicos, Fondo Biblioteca Lerdo de Tejada-SHCP.

190 Véase Márquez, *La banca mexicana*, 1982-1985.

191 Entrevista con Carlos Bazdresch.

192 Entrevista con Agustín Legorreta.

un enriquecimiento también veloz de los «casabolseros»,[193] entre quienes figuraban varios ex banqueros. Pero este acto compensatorio resultó en detrimento de la banca cuando, al ocurrir la reprivatización, fueron los «casabolseros» enriquecidos los principales adquirientes de los bancos.

Una última forma de compensación al sector privado —ligada a la indemnización y a la participación de este sector— fue la emisión de los Certificados de Aportación Patrimonial, los CAP. Esto llegó en 1987, como una última parte del paquete

de indemnización. No obstante, de acuerdo con varios testimonios, el proceso estuvo lleno de problemas e irregularidades, muchas de ellas causadas por los bancos que buscaban colocar esos títulos.[194]

En los años subsecuentes, si bien hubo aspectos positivos en el manejo de la banca por el Estado, la consecuencia general de la estatización al terminar ese periodo, en 1989, fue una banca concentrada al momento de la privatización, con deficiencias en su práctica en otorgamiento de crédito y análisis de riesgos, y en el caso de algunos bancos, con exceso de personal.[195] Hay quien argumenta que el manejo fue óptimo,

193 Véase Susan Minushkin, «De banqueros a casabolseros. La transformación estructural del sector financiero mexicano», en Del Ángel, Bazdresch y Suárez Dávila (comps.), *Cuando el Estado se hizo banquero...*

194 Entrevista con Jesús Silva-Herzog Flores. Véanse también sus memorias (*A la distancia... Recuerdos y...*). Otros testimonios corroboran esta aseveración.

195 Véanse ensayos en Del Ángel, Bazdresch y Suárez Dávila (comps.), *Cuando el Estado se hizo banquero...*, y en la memoria recientemente publicada por Amparo Espinosa Rugarcía y Enrique Cárdenas Sánchez, *La nacionalización bancaria, 25 años después. La historia contada por sus protagonistas*, 2 tomos, México, Centro de Estudios Espinosa Yglesias,

considerando que pudo haber sido peor (saqueo total de los bancos, corrupción generalizada), argumento que es plausible. No obstante, el resultado de la estatización fue una banca que se encontraba debilitada al momento de su reprivatización. Este debilitamiento institucional ha sido calificado por Francisco Gil como el «pecado original»[196] que explica, a la distancia, la debacle financiera de 1994. Podríamos añadir que el debilitamiento de la regulación prudencial y la supervisión bancaria también son parte de ese pecado original. Pero ésta es otra historia, aún por escribirse.

2008.

196 Francisco Gil Díaz, «The Origin of Mexico's 1994 Financial Crisis», *Cato Journal*, vol. 17, 1998.

VI

ANEXOS

1. EL GOBIERNO POSREVOLUCIONARIO Y LAS EXPROPIACIONES

Las razones de las expropiaciones en el México posrevolucionario podían ir en varias direcciones. Así, Luis Echeverría, en septiembre de 1970, expropió tierras agrícolas ejidales en Tabasco y Campeche para expandir áreas urbanas, ostensiblemente por «razones de utilidad pública». En diciembre de 1971 expropió en Balancán y Tenosique (Tabasco) más de 115 mil hectáreas privadas pertenecientes a grandes propietarios para ampliar distritos de riego, con el fin de que «los beneficios no quedaran en manos de grandes agricultores». Las expropiaciones de tierras en Sonora al cierre de su sexenio tuvieron un impacto fuerte y tal vez premeditado en la opinión pública.

En 1977, durante el gobierno de José López Portillo se anunció la expropiación de tierras del general Gonzalo N. Santos, cacique de San Luis Potosí, para integrarlas a un sistema de riego. Durante ambos sexenios hubo expropiaciones a favor de grupos de campesinos o para fortalecer la «independencia alimentaria». En 1973 hubo fuertes demandas de líderes cañeros para expropiar, además de tierras, ingenios azucareros, y convertirlos en cooperativas.

En alguna medida, las expropiaciones hechas a partir de 1977 fueron posibles por la capacidad del gobierno de compensar generosamente a los afectados con recursos del auge petrolero. En esos años se hablaba a nivel popular de «la conveniencia de ser expropiado e indemnizado».[197]

Otras expropiaciones tuvieron un carácter más ambiguo, como las de propiedades del magnate William Jenkins. En los años cuarenta, el gobierno expropió el ingenio Atencingo debido a conflictos laborales, pero después se lo restituyó. Casos como éste, en que el gobierno intervenía una empresa en situación crítica para luego restituirla, eran comunes. En el sexenio de Adolfo López Mateos se expropió la compañía de cines de Jenkins, según los criterios de que así se rompía un «monopolio» y se hacía justicia redistributiva.[198]

El caso de Teléfonos de México es también notorio. Después de que el gobierno apoyó a empresarios encabezados por Carlos Trouyet para que así la empresa fuera adquirida por un grupo mexicano, ésta entró en problemas financieros; las autoridades decidieron hacer los préstamos convertibles en capital, lo que llevó a que el Estado fuera adquiriendo de

---

197 *Excélsior*, 19 de septiembre de 1970 y 11 de junio de 1973; *El Nacional*, 8 de diciembre de 1971; *Novedades*, 21 de agosto de 1977, y varias notas periodísticas de los años 1979-1980 y 1985-1987.

198 M.T. Bonilla Fernández, *El secuestro del poder. El caso de William O. Jenkins*, Puebla, Benemérita Universidad Autónoma de Puebla, 2004.

manera gradual la propiedad de la empresa. La estatización de la industria eléctrica, en septiembre de 1960, es un caso ejemplar. Políticamente fue manejada como una expropiación similar a la de la industria petrolera; no obstante, fue llevada a cabo a través de una adquisición por el Estado negociada previamente.[199]

2. ALGUNOS ESTUDIOS SOBRE NACIONALIZACIÓN, EXPROPIACIÓN O ESTATIZACIÓN DE LA BANCA MEXICANA

Los estudios más completos son la compilación hecha por Del Ángel, Bazdresch y Suárez Dávila, *Cuando el Estado se hizo banquero: Consecuencias de la nacionalización bancaria en México*, y los libros de Elizondo, *La importancia de las reglas. Gobierno y empresarios después de la nacionalización bancaria*; Maxfield, *Governing Capital: International Finance and Mexican Politics*, y Pérez López, *Expropiación bancaria en México y desarrollo estabilizador*; obra esta última menos difundida pero muy sólida.

Otros estudios importantes son el de Francisco Suárez Dávila, «Desempeño de la banca mexicana nacionalizada, 1982-1990», *Boletín* CEMLA, vol. 37, 1991; Russell White, *State, Class and the Nationalization of the Mexican Banks*; Jeff Brannon, «The Nationalization of Mexico's Private Banking System», en Jerry Landman (comp.), *Mexico: A Country in Crisis*, Western

199 Antonio Ortiz Mena, *El desarrollo estabilizador: Reflexiones sobre una época*, México, FCE, 1998.

Press, 1986; Quijano (comp.), *La banca. Pasado y presente*; y Aguilar *et al.*, *La nacionalización de la banca y la crisis de los monopolios*, entre otros.

Con respecto a la explicación de acontecimientos, se presenta una descripción de éstos y varios testimonios de los actores en Del Ángel, Bazdresch y Suárez, *op. cit.*; así como también en la memoria editada por Amparo Espinosa Rugarcía y Enrique Cárdenas Sánchez, *La nacionalización bancaria, 25 años después. La historia contada por sus protagonistas*, 2 tomos, México, Centro de Estudios Espinosa Yglesias, 2008. Por su parte, Tello, *La nacionalización de la banca en México*, es una referencia obligada por tratarse de uno de los protagonistas.

Una perspectiva de la operación de la banca se encuentra en Javier Márquez, *La banca mexicana*, 1982-1985. A su vez, Miguel Ángel Granados Chapa, en *La banca nuestra de cada día*, revisa los hechos de una forma menos seria, pero no menos informativa. Están, además, las biografías políticas de José López Portillo, *Mis tiempos. Biografía y testimonio político*, y de Miguel de la Madrid, *Cambio de rumbo. Testimonio de una presidencia, 1982-1988*, así como innumerables fuentes periodísticas.

3. ALGUNOS DATOS SOBRE LA TRAYECTORIA DE LOS ASESORES DE LÓPEZ PORTILLO PARA LA EXPROPIACIÓN BANCARIA

Las trayectorias profesionales de este grupo muestran a funcionarios del sector público destacados por su servicio y nivel de educación.

Carlos Tello, hijo de un prestigioso canciller mexicano y educado principalmente en el extranjero, trabajó desde 1971 en Hacienda, donde llegó a subsecretario de Ingresos en 1974. En 1976 fue secretario de la Presidencia y en 1977 fue nombrado secretario de Programación y Presupuesto.

José Andrés de Oteyza estudió en Cambridge y participó en las agencias gubernamentales relacionadas con el manejo de las entidades paraestatales, incluyendo la Secretaría de Patrimonio Nacional.

Fausto Zapata era un abogado que había estudiado ciencias de la información en el World Press Institute, en Estados Unidos. Ocupó puestos públicos relevantes en áreas de prensa, propaganda e información, incluido el puesto de subsecretario de Información de la Secretaría de la Presidencia en el sexenio de Luis Echeverría. Durante la administración de López Portillo fue senador y asesor directo del presidente.

En las memorias presidenciales se menciona también a José María Svert. Otros testimonios incluyen a Rosa Luz Alegría, aunque probablemente más por su cercanía al presidente, y a Nathan Warman como un asesor técnico, si bien no hay ninguna evidencia concreta al respecto.

Rosa Luz Alegría estudió Ingeniería de Procesos en el Instituto Francés del Petróleo, fue subsecretaria de Planeación y Presupuesto, y en 1980 titular de Turismo.

Nathan Warman era un arquitecto con estudios en Inglaterra, que trabajó para la Comisión Económica para América Latina y el Caribe (CEPAL) y llegó a subsecretario de Fomento Industrial en la Secretaría de Fomento durante el sexenio de López Portillo.

4. EJEMPLOS DE APOYO DE LA PRENSA, ASÍ COMO DE GRUPOS Y COLECTIVOS, A LA EXPROPIACIÓN DE LA BANCA

Los ejemplos de apoyo de la **prensa** son innumerables; he aquí algunos de ellos:

- «Se volcó el pueblo michoacano en los bancos para incrementar sus ahorros» (El *Sol*, 4 de septiembre de 1982).
- «Reforma constitucional trascendente» (El *Día*, 4 de septiembre de 1892).
- «Compromiso de los concesionarios: la radio y la televisión no deformarán el sentido de la nacionalización bancaria» (El *Día*, 6 de septiembre de 1982).
- «Nuevo Estado financiero» (*Excélsior*, 6 de septiembre de 1982).
- »Servicio leal al pueblo y al país» (editorial) (El *Nacional*, 6 de septiembre de 1982).
- «Rechazo popular en Tamaulipas al paro anunciado por comerciantes locales» (*Excélsior*, 6 de septiembre de 1982).
- «Presencia de un gran hombre» (El *Nacional*, 6 de septiembre de 1982).
- «Nada fuera de la Constitución» (*Novedades*, 10 de septiembre de 1982).
- «Golpe a los privilegios» (*Excélsior*, 15 de septiembre de 1982).
- Además de múltiples editoriales en las principales revistas de circulación nacional; véanse, por ejemplo,

notas en la revista *Siempre!*, 15 y 22 de septiembre de 1982.[200]

- A continuación, algunos ejemplos de notas periodísticas para convencer acerca de las bondades de la expropiación de la banca:

  David Contreras, «La nacionalización de la banca, hito histórico para proyecto nacional» (*El Día*, 2 de septiembre de 1982).

  «La nacionalización de la banca, tema de educación cívica del niño» (*El Día*, 4 de septiembre de 1982).

  «La nacionalización permitirá retomar la autodeterminación financiera» (*Excélsior*, 6 de septiembre de 1982).

  «Un México nuevo» (*El Universal*, 6 de septiembre de 1982).

  «Consumatum est» (*Novedades*, 6 de septiembre de 1982).

  «Con la nacionalización se optó por la evidencia» (*Excélsior*, 6 de septiembre de 1982).[201]

Los ejemplos de **aceptación de grupos y colectivos** —unos, parte de la estructura del gobierno, otros no— también son abundantes. A continuación, algunos de ellos:

> «La Coalición Obrero Campesina Estudiantil de Oaxaca llevó a cabo una marcha para apoyar las medidas y demandó la nacionalización de las industrias alimentaria y farmacéutica» (*El Día*, 3 de septiembre de 1982).

---

200 Folios D01120 y D02563-Bancos y Nacionalización Bancaria, Archivos Económicos, Fondo Biblioteca Lerdo de Tejada-SHCP.

201 Folios D01120 y D02563-Bancos y Nacionalización Bancaria, Archivos Económicos, Fondo Biblioteca Lerdo de Tejada-SHCP.

> El PAN en Jalisco apoyó la medida (*Excélsior*, 5 de septiembre de 1982).
> En varios estados se apoyó con manifestaciones masivas: «Refrenda Coahuila su apoyo a JLP» (*Excélsior*, 5 de septiembre de 1982).

Otras notas al respecto son interesantes en tanto que muestran la capacidad de movilización a nivel nacional:

> «Manifestaciones de apoyo a la nacionalización en todo el país: mitines en Chihuahua, Hermosillo, Tepic, Chetumal y Cancún» (*Excélsior*, 6 de septiembre de 1982).
> «La nacionalización de la banca traerá beneficios al país: CTM, CNOP y CNC» (*El Nacional* y *El Día*, 6 de septiembre de 1982).
> «Miles de nayaritas reiteraron su apoyo total a las medidas de JLP...» (*El Nacional*, 6 de septiembre de 1982).
> «Mitin de apoyo a la nacionalización de la banca en el PRI de Mérida» (*Excélsior*, 6 de septiembre de 1982).
> «Con la estatificación de la banca culminan muchas promesas: Confederación de Vendedores de Billetes de Lotería» (*Excélsior*, 6 de septiembre de 1982).
> «En Tabasco, acto solidario de la CROC» (*El Día*, 6 de septiembre de 1982).
> «Encabezó Camacho Guzmán (gobernador de Querétaro) a 20 mil queretanos que respaldaron la decisión de López Portillo» (*El Nacional*, 7 de septiembre de 1982).
> «Llamó el gobernador de Quintana Roo a solidarizarse con la nacionalización» (*Excélsior*, 7 de septiembre de 1982).
> «Manifestación de apoyo a la nacionalización en Reynosa» (*Excélsior*, 7 de septiembre de 1982).
> «Más de 200 mil neoleoneses realizaron una magna concentra-

ción frente al edificio del PRI en Monterrey para apoyar las medidas dictadas por el presidente López Portillo» (El *Día*, 7 de septiembre de 1982).

«Pide el PRI que la banca jamás vuelva a darse en concesión» (*Excélsior*, 8 de septiembre de 1982).

«Rechazo unánime de los sinaloenses a los sacadólares, con manifestaciones donde asistieron más de 60 mil personas» (El *Día*, 10 de septiembre de 1982).

«Saqueadores y timoratos deben entender que no está a la venta nuestra soberanía. El presidente recibió el apoyo de todos los sectores de Coahuila y Nuevo León por el decreto» (El *Día*, 10 de septiembre de 1982).[202]

202 Folios D01120 y D02563-Bancos y Nacionalización Bancaria, Archivos Económicos, Fondo Biblioteca Lerdo de Tejada-SHCP.

VII

FUENTES

ENTREVISTAS

Carlos Abedrop
Rubén Aguilar
Carlos Bazdresch
Álvaro Conde
Ernesto Fernández Hurtado
Sergio Ghigliazza
Agustín Legorreta
Miguel Mancera Aguayo
Jesús Puente Leyva
Jesús Silva-Herzog Flores

FONDOS DOCUMENTALES ESPECIALIZADOS

Archivos Económicos, Fondo Biblioteca Lerdo de Tejada, Secretaría de Hacienda y Crédito Público (SHCP)

Archivo Histórico de Banamex
Biblioteca de la Comisión Nacional Bancaria y de Valores

BIBLIOGRAFÍA Y HEMEROGRAFÍA

1982 *Justicia del tiempo*, Madrid, Difusora Internacional, s.f.

Abedrop, Carlos, «La expropiación bancaria. Testimonio», en Del Ángel, Bazdresch y Suárez Dávila (comps.), *Cuando el Estado se hizo banquero: Consecuencias de la nacionalización bancaria en México*, México, Fondo de Cultura Económica (FCE), 2005 (Colección Lecturas de El Trimestre Económico, 96).

Acemoglu, Daron, «Why Not a Political Coase Theorem?», *Journal of Comparative Economics*, vol. 31, 2003, pp. 620-652.

Acemoglu, Daron y James A. Robinson, *Economic Origins of Dictatorship and Democracy*, Nueva York, Cambridge University Press, 2006.

Acosta Romero, Miguel, *Legislación bancaria*, México, Porrúa, 1986.

Aguilar, Alonso *et al.*, *La nacionalización de la banca y la crisis de los monopolios*, México, Nuestro Tiempo, 1983.

Aguilar Camín, Héctor y Lorenzo Meyer, *A la sombra de la Revolución mexicana*, México, Cal y Arena, 1989.

Ai Camp, Roderic, *Politics in Mexico*, 2ª ed., Nueva York/Oxford, Oxford University Press, 1996.

Asociación de Banqueros de México, *Anuario Financiero de México* (1940-1990).

Babb, Sarah, *Proyecto: México. Los economistas del nacionalismo al neoliberalismo*, México, FCE, 2003.

Banco de México, *Informe Anual del Banco de México* (1932-2005).

___, *Rodrigo Gómez, vida y obra*, México, Banco de México/ FCE, 1991.

Bazdresch, Carlos y Santiago Levy, «El populismo y la política económica de México, 1970-1983», en Rudiger Dornbusch y Sebastián Edwards, *Macroeconomía del populismo en América Latina*, México, FCE, 1992 (Col. Lecturas de El Trimestre Económico, 75).

Bernheim, B. Douglas y Antonio Rangel, «Addiction and Cue-Triggered Decision Process», *American Economic Review*, vol. 94, 2004, pp. 1558-1590.

Besley, Timothy, *Principled Agents? The Political Economy of Good Government*, Oxford University Press, 2006.

Blanco, Herminio y Peter Garber, «Recurrent Devaluation and Speculative Attacks on the Mexican Peso», *Journal of Political Economy*, vol. 94, 1986, pp. 148-166.

Bobbio, Norberto, *Liberalismo y democracia*, México, FCE, 1989.

Bonilla Fernández, M. T., *El secuestro del poder. El caso de William O. Jenkins*, Puebla, Benemérita Universidad Autónoma de Puebla, 2004.

Borja, F., *El sistema financiero mexicano*, México, FCE, 1991.

Brachet, V., *El pacto de dominación*, México, El Colegio de México, 1996.

Brannon, Jeff, «The Nationalization of Mexico's Private Banking System», en Jerry Landman (comp.), *Mexico: A Country in Crisis*, Western Press, 1986.

Brothers, Dwight y Leopoldo Solís, *Mexican Financial Development*, University of Texas, 1966.

Carande, Ramón, *Carlos V y sus banqueros*, Barcelona, Editorial Crítica; Valladolid, Junta de Castilla y León, 1987, 3 volúmenes.

Cárdenas, Enrique, *La política económica en México, 1950-1994*,

México, El Colegio de México/FCE, 1996.
Carmona, Fernando *et al.*, *El milagro mexicano*, México, Nuestro Tiempo, 1970.
Castañeda, Gonzalo, «The Political Economy of Mexico, 1940-1988: A Game Theoretical View», *European Journal of Political Economy*, vol. 11, 1995, pp. 291-316.
Castañeda, Jorge G., *La herencia: Arqueología de la sucesión presidencial en México*, México, Alfaguara, 1999.
Cordera, Rolando y Carlos Tello, *México: la disputa por la nación. Perspectivas y opciones del desarrollo*, México, Siglo XXI Editores, 1985.

Corsetti, Giancarlo *et al.*, «Does One Soros Make a Difference? A Theory of Currency Crises with Large and Small Traders», *Review of Economic Studies*, vol. 71, 2004, pp. 87-113.
Cosío Villegas, Daniel, *El estilo personal de gobernar*, México, FCE, 1972.
___, *Memorias*, México, Joaquín Mortiz, 1976.
De la Madrid H., Miguel, *Cambio de rumbo. Testimonio de una presidencia, 1982-1988*, México, FCE, 2004.
Del Ángel, Gustavo, *Paradoxes of Financial Development. The Construction of the Mexican Banking System. 1941-1982*, tesis doctoral, Stanford University, 2002.
___, *Cosechando progreso. 50 años de FIRA*, México, Pinacoteca 2000-FIRA, 2004.
___, «La banca mexicana antes de 1982», en Del Ángel, Bazdresch y Suárez Dávila (comps.), *Cuando el Estado se hizo banquero: Consecuencias de la nacionalización bancaria en México*, México, FCE, 2005 (Colección Lecturas de El Trimestre Económico, 96).
___, «The Corporate Governance of the Mexican Banking

System. A Historical Perspective: 1940-2000», México, Centro de Investigación y Docencia Económicas (CIDE), 2006 (Documento de Trabajo, 373).

___, *BBVA-Bancomer*, México, El Equilibrista/Fundación BBVA-Bancomer, 2007.

Del Ángel, Gustavo, Carlos Bazdresch Parada y Francisco Suárez Dávila (comps.), *Cuando el Estado se hizo banquero: Consecuencias de la nacionalización bancaria en México*, México, FCE, 2005 (Colección Lecturas de El Trimestre Económico, 96).

Dixit, Avinash K., *The Making of Economic Policy*, Baltimore, MIT Press, 1996.

Domínguez, Jorge I. y James A. McCann, *Democratizing Mexico*, Baltimore/Londres, Johns Hopkins University Press, 1996.

Elizondo Mayer-Serra, Carlos, *La importancia de las reglas. Gobierno y empresarios después de la nacionalización bancaria*, México, FCE, 2001.

Elizondo Mayer-Serra, Carlos y Benito Nacif Hernández (comps.), *Lecturas sobre el cambio político en México*, México, CIDE/ FCE, 2002.

Espinosa Rugarcía, Amparo y Enrique Cárdenas Sánchez, *La nacionalización bancaria, 25 años después. La historia contada por sus protagonistas*, 2 tomos, México, Centro de Estudios Espinosa Yglesias, 2008.

Gil Díaz, Francisco, «The Origin of Mexico's 1994 Financial Crisis», *Cato Journal*, vol. 17, 1998, pp. 303-313.

González, Mauricio, «El contexto macroeconómico de la nacionalización de la banca», en Del Ángel, Bazdresch y Suárez Dávila (comps.), *Cuando el Estado se hizo banquero: Consecuencias de la nacionalización bancaria en México*, México, FCE, 2005 (Colección Lecturas de El Trimestre Económico, 96).

González Casanova, Pablo, «El partido del Estado y el sistema político», en Pablo González Casanova, *El Estado y los partidos políticos en México*, 3ª ed., México, Era, 1986.

Granados Chapa, Miguel Ángel, *La banca nuestra de cada día*, México, Océano, 1983.

Green, Rosario, *El endeudamiento público externo de México, 1940-1973*, México, El Colegio de México, 1976.

Grier, Robin M. y Kevin B. Grier, «Political Cycles in Nontraditional Settings: Theory and Evidence from the Case of Mexico», *Journal of Law and Economics*, vol. 63, 2000, pp. 239-263.

Guillén R., J. L., *Sindicato Nacional de Empleados de Bancomer: de una coyuntura histórica a una realidad tangible 1982-1996*, tesis de licenciatura en Ciencias Políticas y Administración Publica, Facultad de Ciencias Políticas y Sociales, Universidad Nacional Autónoma de México (UNAM), 1998.

Haber, Stephen, «Why Institutions Matter: Banking and Economic Growth in Mexico, 1821-2004», en Christopher Welna (comp.), *Reforming the State in Mexico*, University of Notre Dame Press, 2005 (en prensa).

___, «Why Banks Don't Lend: The Mexican Financial System», ponencia presentada en la Conferencia del Banco Mundial sobre Equidad y Competencia en México, 2006.

___, «Authoritarian Government», en Barry Weingast y Donald Wittman (comps.), *The Oxford Handbook of Political Economy*, Oxford University Press, 2006.

Haber, Stephen, Armando Razo y Noel Maurer, *The Politics of Property Rights: Political Instability, Credible Commitments, and Economic Growth in Mexico, 1876-1929*, Cambridge University Press, 2003 (Series on Political Economy of Institutions and Decisions).

Hirshleifer, Jack, «On the Emotions as Guarantors of Threats and Promises», en J. Dupre (comp.), *The Latest on the Best: Essays on Evolution and Optimality*, Cambridge Mass., MIT Press, 1987.

Krugman, Paul, «A Model of Balance of Payment Crisis», *Journal of Money, Credit and Banking*, vol. 11, 1979, pp. 311-325.

La Porta, Rafael, Florencio López de Silanes y Andrei Shleifer, «Government Ownership of Banks», *Journal of Finance*, vol. 57, 2002, pp. 265-301.

Loaeza Tovar, Soledad, *El llamado de las urnas*, México, Cal y Arena, 1989.

___, «Los partidos y el cambio político en México», *Revista de Estudios Políticos*, nueva época, Núm. 74, octubre-diciembre de 1991.

López Portillo, José, *Mis tiempos. Biografía y testimonio político*, México, Fernández Editores, 1988.

Lustig, Nora, *México: Hacia la reconstrucción de una economía*, 2ª. ed., México, El Colegio de México/FCE, 2002.

Madero, David, «The Political Economy of Monetary Stability in Post-Revolutionary México: The Institutional Evolution of Banco de México», tesis doctoral, Los Ángeles, Universidad de California, 1998.

Marcos Yacamán, Jesús, «Reflexiones respecto al desarrollo de la intermediación bancaria y el efecto de la nacionalización en el sistema financiero», en Del Ángel, Bazdresch y Suárez Dávila (comps.), *Cuando el Estado se hizo banquero: Consecuencias de la nacionalización bancaria en México*, México, FCE, 2005 (Colección Lecturas de El Trimestre Económico, 96).

Márquez, Javier, *La banca mexicana, 1982-1985*, México, Centro de Estudios Monetarios Latinoamericanos (CEMLA), 1987.

Maxfield, Sylvia, *Governing Capital: International Finance and Mexican Politics*, Ithaca, Cornell University Press, 1990.

___, «The International Political Economy of Bank Nationalization: Mexico in Comparative Perspective», *Latin American Research Review*, vol. 27, 1992, pp. 75-103.

___, «The Politics of Mexican Financial Policy», en Stephan Haggard, Sylvia Maxfield y Chung Lee (comps.), *The Politics of Finance in Developing Countries*, Ithaca, Cornell University Press, 1993.

McGuire, Martin C. y Mancur Olson, «The Economics of Autocracy and Majority Rule: The Invisible Hand and the Use of Force», *Journal of Economic Literature*, vol. 34, 1996, pp. 72-96.

Minushkin, Susan, «De banqueros a casabolseros. La transformación estructural del sector financiero mexicano», en Del Ángel, Bazdresch y Suárez Dávila (comps.), *Cuando el Estado se hizo banquero: Consecuencias de la nacionalización bancaria en México*, México, FCE, 2005 (Colección Lecturas de El Trimestre Económico, 96).

Nacional Financiera, Revista *El Mercado de Valores* (1970-1980).

North, Douglas C., *Structure and Change in Economic History*, Nueva York/Londres, W. W. Norton & Company, 1983.

___, *Institutions, Institutional Change, and Economic Performance*, Nueva York, Cambridge University Press, 1990.

Obstfeld, Maurice, «Models of Currency Crises with Self-fulfilling Features», *European Economic Review*, vol. 40, números 3-5, abril de 1996, pp. 1037-1047.

O'Donnell, Guillermo y Philippe Schmitter, *Transitions from Authoritarian Rule: Tentative Conclusions about Uncertain Demo-*

cracies, Baltimore, Johns Hopkins University Press, 1986.

Olson, Mancur, «Dictatorship, Democracy and Development», *American Political Science Review*, vol. 87, 1993, pp. 567-576.

Ortiz Mena, Antonio, *El desarrollo estabilizador: Reflexiones sobre una época*, México, FCE, 1998.

Pérez-López, Enrique, *Expropiación bancaria en México y desarrollo estabilizador*, México, Diana, 1987.

Phillips, Alfredo, «Entorno internacional, administración de la política monetaria y financiera y la nacionalización bancaria», en Del Ángel, Bazdresch y Suárez Dávila (comps.), *Cuando el Estado se hizo banquero: Consecuencias de la nacionalización bancaria en México*, México, FCE, 2005 (Colección Lecturas de El Trimestre Económico, 96).

Presidencia de la República-Unidad de la Crónica Presidencial, *Las razones y las obras del gobierno de Miguel de la Madrid*, México, 1985.

Przeworski, Adam, *Democracy and the Market*, Nueva York, Cambridge University Press, 1991.

Quijano, José Manuel, *México: Estado y banca privada*, México, CIDE, 1981.

___, (comp.), *La banca. Pasado y presente*, México, CIDE, 1983.

Revista *Nexos*.

Revista *Siempre!*

Romero Sotelo, María Eugenia *et al.*, *Historia del pensamiento en México. Problemas y tendencias, 1821-2000*, México, Trillas, 2005.

Romero Sotelo, María Eugenia y Leonor Ludlow (comps.), *Controversias bancarias y monetarias en México, 1880-1854*, México, Instituto de Investigaciones Históricas, UNAM, 2006.

Saldívar, Américo, *Ideología y política del Estado mexicano, 1970-*

1976, México, Siglo xxi, 1980.
Schumpeter, Joseph A., *Capitalism, Socialism and Democracy*, Nueva York, Harper & Brothers, 1942.
Silva-Herzog, Jesús, *Apuntes sobre evolución económica de México*, 1927.
Silva-Herzog Flores, Jesús, «Recuerdos de la nacionalización de la banca», en Del Ángel, Bazdresch y Suárez Dávila (comps.), *Cuando el Estado se hizo banquero: Consecuencias de la nacionalización bancaria en México*, México, FCE, 2005 (Colección Lecturas de El Trimestre Económico, 96).

___, *A la distancia... Recuerdos y testimonios políticos*, México, Océano, 2007.
Solís, Leopoldo, *La realidad económica mexicana: Retrovisión y perspectivas*, México, Siglo xxi Editores, 1975.
___, *Economic Policy Reform in Mexico. A Case Study for Developing Countries*, Nueva York, Pergamon Press, 1981.
Suárez, Luis, *Echeverría en el sexenio de López Portillo: El caso de un expresidente ante el sucesor*, México, Editorial Grijalbo, 1983.
Suárez Dávila, Francisco, «Desempeño de la banca mexicana nacionalizada, 1982-1990», *Boletín* CEMLA, vol. 37, 1991.
___, «La administración de la banca nacionalizada», en Del Ángel, Bazdresch y Suárez Dávila (comps.), *Cuando el Estado se hizo banquero: Consecuencias de la nacionalización bancaria en México*, México, FCE, 2005 (Colección Lecturas de El Trimestre Económico, 96).
Tello, Carlos, *La política económica de México. 1970-1976*, México, Siglo xxi Editores, 1979.
___, *La nacionalización de la banca en México*, 6ª. ed., México, Siglo xxi Editores, 2006.
___, *Estado y desarrollo económico: México 1920-2006*, México, UNAM, 2007.

Tornell, Aarón y Andrés Velasco, «The Tragedy of the Commons: Why Does Capital Flow from Poor to Rich Countries?», *Journal of Political Economy*, vol. 100, 1992, pp. 1208-1231.

Turrent, Eduardo, *Historia del Banco de México*, México, Banco de México, 2001.

Vargas Llosa, Mario, *El pez en el agua. Memorias*, Seix Barral, 2003.

White, Russell, *State, Class and the Nationalization of the Mexican Banks*, Crane Russak, 1992.

Wise, Sidney y Hugo Ortiz-Dietz, *La nacionalización de la banca*, México, El Inversionista Mexicano, 1982.

Zaid, Gabriel, *La economía presidencial*, México, Vuelta, 1987.

Zola, Émile, *L'argent* [1891], Francia, Gallimard, 1980.

LA ESTATIZACIÓN DE LA BANCA EN MÉXICO EN 1982, UN ENSAYO DE ECONOMÍA POLÍTICA *se terminó de imprimir en los talleres gráficos de Solar Servicios Editoriales,* S.A. *de* C.V., *calle 2 número 21, San Pedro de los Pinos, ciudad de México, en el mes de enero de 2009. Para componer el libro se utilizó el programa Adobe InDesign* CS2 *y las tipografías Quadraat y Bodoni Ornaments. Diseñado por el Centro de Estudios Avanzados de Diseño,* A.C.: *www.cead.org.mx.*